仁斎学講義

『語孟字義』を読む

子安宣邦

ぺりかん社

仁斎学講義＊目次

凡例

一　『語孟字義』は伊藤仁斎の主著『論語古義』『孟子古義』の方法論的序章をなす書であり、儒学概念の古義学的刷新をめざして書かれた近世屈指の儒学概論書でもある。私は本書でこの仁斎古義学による儒学の思想的、方法論的刷新作業を可能なかぎり分かりやすい形で読者に届けることを試みた。

一　『語孟字義』の読解として、まず本文の書き下し文をかかげ、【訳】としてその現代語訳を載せ、【評釈】としてその思想的内容についての私のコメントを記した。

一　『語孟字義』の書き下しは清水茂氏と三宅正彦氏によってなされている。清水本＝清水茂校注『語孟字義』（吉川幸次郎・清水茂校注『伊藤仁斎・伊藤東涯』日本思想大系33所収、岩波書店、一九七一年）、三宅本＝三宅正彦校訂訳注『語孟字義』（木村英一編『伊藤仁斎集』日本の思想11所収、筑摩書房、一九七〇年）。本書における書き下しは基本的に清水本にしたがいながら、私の理解にしたがって改めている。

一　書き下しにあたっては清水本と同様に原則として仮名は現代仮名遣いとし、漢字も通行字体を用いた。

一　清水本『語孟字義』は「刊本」を底本とし、三宅本『語孟字義』は仁斎生前最終の稿本である林景范写本、いわゆる「林本」を底本としている。『語孟字義』の仁斎における本来的構成は林本にあるとみなされる。それゆえ本書では『語孟字義』の原型的構成（ことに「天命」章）を林本によって考え、三宅本を参照しながら、刊本との異同を補注として書き入れていった。

一　本書で訳解したのは『語孟字義』の以下の章節である。
『語孟字義』上巻：「天道」第一条～第八条　「天命」第一条～第五条　「道」第一条～第五条　「理」第一条・第二条　「徳」第一条～第四条　「仁義礼智」第一条～第四条　「心」第一条～第四条　「性」第一条・第二条　「四端の心」第一条・第二条　「情」第一条・第二条
『語孟字義』下巻：「忠信」第一条～第三条　「忠恕」第一条　「誠」第一条・第三条・第四条　「学」第一条・第二条・第四条　「王覇」第一条～第三条　「鬼神」第一条・第二条

一　『語孟字義』の訳解にあたっては清水氏、三宅氏の両書の恩恵を被った。深く感謝したい。なお私の著書に『伊藤仁斎の世界』（ぺりかん社、二〇〇四年）がある。本書はこの書以降の私における仁斎理解の深まりを示すものでもある。

序　仁斎古義学のラジカリズム――『論語』から読むこと――

愚故に断じて論語を以て最上至極宇宙第一の書として、此の八字を以てこれを毎巻題目上に冠す。

――伊藤仁斎『論語古義』綱領

日本の近世社会が一八世紀におけるその成熟に向けて展開しようとする時期、年号でいえば元禄からやがて享保という時代に入ろうとする時期、「古学」という新しい思想的方法論をもった儒学的立場が成立する。その立場はまず伊藤仁斎（一六二七―一七〇五）の「古義学」として形成され、その後を追い、さらにそれを超え出ようとする意図と方法意識をもった荻生徂徠（一六六六―一七二八）の「古文辞学」として表明される。それぞれに既成の正統的儒学・朱子学の批判を標榜する仁斎と徂徠とに、すなわち先進仁斎と彼に対抗する後進徂徠とに二つの古学が成立するそのさまは、日本近世儒学史の高い水準における盛期の到来を思わせる。だが徂徠が己れの古学を確立しようとする時、すでに仁斎はこの世を去っていた。それゆえ徂徠の対抗は死せる仁斎との、死後に残された仁斎の名声との競合であり、徂徠の発する批判・非難は死せる仁斎に向けられたものとなった。徂徠の仁斎批判がスキャンダルと見られるのはそのゆえである。だがこれをスキャンダルとする徂徠非難は徂徠以後の儒者たちにまかせて、われわれは徂徠による仁斎との対抗という日本近世思想史における最高の思想劇を見てみたい。この仁斎との対抗という思想劇を通じて徂徠は己れの古学を「先王の道」の学として形成するのである。そして徂徠による対抗が、仁斎の古学の特色を「孔子の道」の学としてより鮮明にしていくのである。

私はここで徂徠が対峙した仁斎を見ることによって、すなわち徂徠との対比を通じて、むしろ仁斎古義学が卓然としてもつ思想的特色を明らかにしようとするのである。

1　仁斎に対抗する徂徠

荻生徂徠の『論語徴』は伊藤仁斎の『論語古義』への対抗を大きなモチーフとしている。もちろん仁斎への対抗は『論語徴』にかぎられるわけではない。古文辞学をいう徂徠の古学自体が古義学を称する仁斎古学への対抗に強く動機づけられたものである。徂徠学におけるこの仁斎への対抗という動機は、徂徠学自体をスキャンダラスな言説としてしまおうとする徂徠批判者にとっては恰好の攻撃材料であった。『非物篇』によって徂徠『論語徴』を非難した五井蘭洲（一六九七―一七六二）を継いで『非徴』をもって同じく徂徠を論難した中井竹山（一七三〇―一八〇四）は、徂徠の学的キャリアを仁斎への対抗として描き出している。

遂に旧学を棄つるを視ること、敝躧《へいし》を脱ぐが如し。たちまち一機軸を出し、以て仁斎の上に凌駕す。時に徂徠五十有一。随筆（『蘐園随筆』）の墨未だ乾かざるに、既にして『弁道』を作り、以て『童子問』を圧し、『弁名』を作り、以て『語孟字義』を圧し、『論語徴』を作り、以て『古義』を圧し、『学庸解』を作り、以て『定本・発揮』を圧し、彼れ（仁斎）宋儒を抑へて独り思孟を尊ぶも、己れ（徂徠）則ち思孟を併せてこれを詆《そし》り、彼れ『大学』を以て孔門の旧にあらずと為し、己れ則ち断じて養老の礼と為す。見は益々殊絶にして、説は益々新奇、飾るに礼楽の空言を以てし、鼓するに詞章の末技を以てし、云々。[*1]

『蘐園随筆』で宋儒を守って仁斎古学を誹った徂徠は、やがてその古学を凌駕しようとしてみずから宋学をも棄て、仁斎学への全的な対抗を通じて新奇な自己の学を形成し、天下に盛名を馳せるにいたったと竹山はいうのである。「先王の道は礼楽のみ」という言葉に集約される徂徠学の形成自体が、仁斎学への対抗という野心に貫かれたスキャンダルだというのである。ただ私がここで懐徳堂の儒家竹山の反徂徠の言辞を引くのは、そのスキャンダルとしての非難の当否を検討するためではない。新面目をもった徂徠学の登場ということが、徂徠以後の世代の儒家たちには徂徠の野心に動機づけられた仁斎学への対抗という動機をもって演じられた思想劇、あるいは思想的主役の交代劇とみなされていたことを確認するためである。

先行する学者への対抗が後進の学の形成動機をなすことは特別なことではない。徂徠においてそれがスキャンダルとみなされたのは、徂徠における『論語徴』をはじめとする学的作業がほとんど仁斎への対抗に動機づけられていることであり、この対抗的野心をもった徂徠が新たな古学（古文辞学）を形成し、世に盛名を馳せ、蘐園の門戸を天下に張ったことにある。徂徠の生涯が私的野心に貫かれた学者の成功劇とみなされたからである。だがこの対抗劇がわれわれにとってスキャンダルというより、日本思想史にまれに見る思想劇であるのは、この対抗を通じて徂徠学が成立しただけではない、仁斎学もまた顕然として、その思想的独自性をもって成立したことにある。あの対抗劇は相互に異なるものとしての古学をそれぞれに成立させたのである。私がここであらためて見ようとする仁斎古義学とは、近世古学史における徂徠古学に先行するだけの仁斎古学ではない。「先王の道」と「六経」の古学としての徂徠学を対抗的に生み出していった、「孔子の道」と『論語』の古学としての仁斎学である。

2 『論語』は宇宙第一の書

「学びて時に習ふ」と『論語』冒頭で孔子がいう「学ぶ」とは何か。徂徠はいう。「農圃《のうほ》を学び、射御《しゃぎょ》を学ぶも、亦みな学と言ふ。而うして単に学と言ふものは、先王の道を学ぶなり」と。ここで孔子が「学ぶ」というのは「先王の道」を学ぶことをいうのだと徂徠はいうのである。この学の理解には、徂徠のえがく孔子像が前提されている。「孔子、未だ身の匹夫たるを免れず。五十にして天命を知り、然る後に先王の道を脩めてこれを人に伝へ、儒を以てみづから処り、学を好むを以てみづから称す」と徂徠は『論語徴』を書き始めているのである。あるいは『弁道』では、孔子は「その終《つ》ひに位を得ざるに及んで、而る後に六経を脩めて以てこれを伝ふ。六経は即ち先王の道なり」と徂徠はいうのである。東周を為さんとする志の挫折を通じて、先王の道を学び、それを後世に伝えることを天命として自覚した孔子がそこにいる。この孔子像に近世日本社会において儒家であることの徂徠の挫折感が読み込まれていると見ることもできるだろう。とまれ孔子とは徂徠において先王の道の最初の体系的な学習者であったのだ。

　この先王の道の学習者という徂徠の孔子像は、仁斎とのあの対抗劇を前提にして考えれば、「最上至極宇宙第一の聖人」[*2]とする仁斎の孔子像への対抗としてあると見ることができる。さらに徂徠にとって『論語』とは先王の道を学ぶ孔子の言行を門人が不完全に伝えた記録であった。「門人の一時、意を以て之を録し、以て忽忘に備」えただけのものだと徂徠はいうのである。しかも孔子が学んだ「六経」は残欠としてしかない。それを学んだ跡をとどめる『論語』の理解もまたしたがって不完全たらざるをえない。この『論語』の不完全性をいう徂徠の言もまた、「最上至極宇宙第一の書」と最上級の言葉で称える仁斎の『論語』観への対抗と見ることができる。こうした徂徠の『論語』をめぐる対抗の言が反面鏡的にわれわれに照らし出すのは、仁斎において最上至極の書として高められた『論語』の位置であり、性格である。『論語古義』の綱領で仁斎はいうのである。

論語一書は万世道学の規矩準則なり。其の言は至正至当、徹上徹下、一字を増すときは則ち余り有り、一字を減ずるときは則ち足らず。道、此《ここ》に至つて尽き、学、此に至つて極まる。猶、天地の浩大なる、人其の中に在つて其の大を知らざるがごとし。万世に準じて変はらず、四海に準じて違はず。於乎《ああ》、大なるかな。[*3]

後世にとって不完全な理解をもたらさざるをえない『論語』という徂徠の経典観が、先王の道の学習者・孔子の像とともに仁斎への対抗の所産としてあることを知るとき、その対極にある仁斎の『論語』観がその特質をいっそう際立たせる形で見えてくる。仁斎にとって『論語』とは右に見るように至上の言葉で称えられる経典であった。仁斎の『論語古義』の稿本では、各巻の巻頭に「最上至極宇宙第一論語総論」のように『論語』の至上性を称える言葉が冠せられていた。[*4] 仁斎古義学のラジカリズムを示すこの言葉は、仁斎没後に刊行されたテキストからは消えている。この削除自体が、あの『論語』賛辞の異常さをわれわれに教えている。仁斎におけるこの絶対的ともいえる『論語』観は何を意味するのか。

3　『論語』から読むこと

『語孟字義』の識語で仁斎はこういっている。

予嘗て学者に教ふるに語孟の二書を熟読精思し、聖人の意思語脈をして能く心目の間に瞭然たらしむるときは、則ち惟《ただ》に能く孔孟の意味血脈を識るのみに非らず、又能く其の字義を理会して大謬に至らずといふを以てす。*5

ここで「字義」とは儒家概念の意義をいう。『語孟字義』がその意義をあらためて問うているのは、「天道」「天命」「道」「理」「徳」といった儒家における基本概念である。ここでいかなる概念の意義をどの範囲で、どのような順序で、そしてどのような方法的視点をもって問い直すかは、「字義」を問う儒家の思想的立場によっている。『語孟字義』が範型とした朱子の高弟陳淳（陳北渓）による『北渓字義』（『性理字義』）は、巻上で「命」「性」「心」「情」といった用語を、巻下では「道」「理」「徳」「太極」といった用語を並べてその意義を説いている。この『北渓字義』における用語の選択と配列とを決めているのは朱子学における性理学的思惟の体系である。そしてこれらの字義の解明とは、朱子学＝性理学の立場からする儒家的概念の体系的な説明である。「性」や「道」概念の朱子学的再構成こそが、この字義解明作業の目的であり課題である。ではたとえば「性」概念の朱子学的再構成としての字義解明が、なぜその概念の儒家的意義の根本的な解明であることを称しうるのか。それは「孔、孟、周、程の道、先生に至つて益々明らか」[*6]であるような存在として朱子を仰ぐことによってである。「宏綱大義、これを掌に指すがごとく、千百年の謬誤を掃ひ、後学の一定不易の準則を為す」存在として朱子とその学問はすでに後学陳淳にとってあるのである。かくして儒家的字義の解明は、後進儒家における朱子の性理学的思惟体系による概念の再構成作業となるのである。しかしこれは『北渓字義』にかぎられた作業ではない。朱子を継ぐ後進の学者たちにおける儒家思想の再生産は、朱子の学的体系の受容とその解釈的再構成としてなされていくのである。朱子学とはこのようにして再生産される儒学をいうのである。この儒学再生産の構造は基本的に現代の儒学研究者にまで継承されている。仁斎が「語孟（論語と孟子）」による字義の解明をいうのは、この後進儒家における儒学再生産の構造に対してである。

仁斎はまず「語孟の二書を熟読精思」することを説くのである。『論語』とその義疏としての『孟子』の熟読精思を通じて聖人孔子の「意思語脈」を「心目の間に瞭然たらしむる」ならば、字義理解において誤ることはないと仁斎はいう。義疏とは経典の意義を正しく継承し、解き明かした書をいう。仁斎は『孟子』を『論語』の義疏とするのである。[*7]『論語』をそして『孟子』を徹底して読み、考えよ。それによって孔子が弟子たちとともに何を、いかに問い、それをどのような言葉で語っていったのかを理解せよ。その際、孔子の言葉のいっそうの意義理解は、ただ「論語の津《しん》筏《ばつ》」[*8]たる『孟子』のみによってせよ。かく「語孟の二書を熟読精思」するならば、「天道」概念の理解において、あるいは「性」概念の理解において誤ることはないと仁斎はいうのである。ここで仁斎が説いているのは、たとえば「天道」概念の意味を『論語』から読み解けということである。『論語』から読み解けとは、朱子から経典の意味を読み解き、性理学的概念をもって儒家思想を再構成し、儒学を再生産してきたあり方を根本的に革新する読解的視点の遡行である。どこへ。『論語』へ、すなわち孔子が考え、弟子たちにそれを言葉として語った『論語』という儒家言説の原点へである。そこから読み解かれた意味こそ儒家概念本来の意義としての古義だと仁斎はいうのである。

仁斎古義学とは『論語』から読むことである。

4　徂徠学の対抗的形成

仁斎古義学の成立にもっとも強い衝撃を受けたのは後に仁斎批判者となる徂徠であったであろう。「烏虖《ああ》茫茫たる海内、豪杰幾何《ごうけついくばく》ぞ。一に心に当たる亡し。而して独り先生に郷《むか》ふ。否《しからず》んば則ちこれを古人に求めんのみ」[*9]と徂徠が晩年の仁斎に書き送った書簡に見るように、仁斎を比類のない学問的豪傑として徂徠は見出していたのである。しかしこの書簡への仁斎の返答はなかった。あまつさえ仁斎没後に出版された『古学先生碣銘行状』に己れの書簡が無断で掲載されていることを知って徂徠は憤慨する。それが徂徠をして仁斎攻撃に向かわせた原因だとされている。しかし古義学による衝撃を根底にもった徂徠の仁斎批判は、仁斎を宋儒もろとも批判的に超え出ることを可能にするような新たな古学的視点の形成へと向かわせる。それは『論語』という孔子の発語の原点に立つ仁斎の古学に対する、先王の制作の原点に遡行する「六経」による徂徠の古学であった。

徂徠にみずから「二弁」として誇る著書『弁道』『弁名』がある。これらの著書における「弁名」という作業を、たとえば「道」という名辞の意義を明らかにすることだといってしまえば、それは後儒の字義解明と変わりのない作業となってしまうだろう。だが徂徠がする「弁名」の作業とは、たとえば「道」という名辞の謂われを人間社会におけるこの名辞の成立から明らかにしようとする作業であった。徂徠が「道」をはじめ「陰陽」あるいは「鬼神」といった名辞の成立を制作者である聖人（先王）の命名によるというとき、徂徠はそれらの名辞の成立を人間の文化的社会の成立と同時的だと見ていることを意味している。さまざまな名辞の意義を、人間社会における名辞としてその始源的成立から明らかにしようとするのである。徂徠は儒家的言説の成立以前に、あるいはその言説体系の外部に名辞解明の視点を設定する。どこにか。制作者としての先王・聖人の制作行為、すなわち命名行為にである。この視点からするとき、「道」とは制作者である先王の道として儒家言説上の道を超え出た「大」なるものであり、先王の制作になる人間社会の全体と等価な意味をもつことになる。[*10] まさしく「道」とは「統名」[*11]として人間の文化的社会とともに成立する諸名辞の総体でもあるのである。

だが、徂徠が先王の道をいう言説が、仁斎らいわゆる後儒の孔孟の道の言説への強い批判的対抗を契機とするものであるかぎり、それ自体をもう一つの閉じた対抗的言説として構成していかざるをえない。徂徠は、後儒の孔孟の道を言葉による道徳化の教説、すなわち心性論的な内部的言説体系として批判的に再構成する一方、先王の道を礼楽論的な人民教化の道術、すなわち社会統治論的な外部的言説体系として再構成していくのである。先王の制作的原点に立つ「六経」による古学が作り出してしまったのは、徂徠学というもう一つの閉じた外部的言説体系である。この先王の道の学を、社会的・政治的存在という人間の外部性への視線を日本の思想史ではじめて体系的にもちえた学として評価しえても[*12]、しかしそれはいかなる意味で儒家思想の革新でありえたのか。徂徠の先王の道の声高な主張は、その没後、それらを徂徠一個の私言とみなしてしまう儒家たちの反徂徠の言説を呼び起こし、彼らに朱子学再興への道を開かせてしまったのではなかったか。

5　『論語』・思想批評の原基

いま徂徠学がもう一つの閉じた対抗的な言説体系を構成していった跡を振りかえるとき、あらためて仁斎古義学がもった思想的な革新性が思いかえされてくる。仁斎において『論語』は後世儒家の解釈的言説を超え出た原点、むしろそこから読まれねばならない原点として見出された。『論語』から儒家の字義は解かれねばならなかったし、『論語』から儒家の経典的テキストは読まれねばならなかった。『論語』から読むとは、たとえば四書の一つである『大学』が「孔氏の遺書」ではないことを黒白を見分けるように明らかにしてしまうことであった。仁斎における『論語』と孔子とは、徂徠における制作者・先王のように儒家言説を超越する外部に設定された視点ではない。『論語』とは聖人孔子の発語の原点であり、人間がみずからを反省的に語る言葉の原点、あるいは原点的な基準であった。『論語』から読むとは、そのような原点に立ち返り、そうした基準に照らして読むことをいうのである。

『大学』の一書は「未だ孔孟の血脈を知らざる者」の選定になるところだと仁斎はいう。[*13]「孔孟の血脈」とは、『論語』とそして『孟子』の熟読精思によってえられた孔子から伝えられる思想的血脈である。「孔孟の書を読んで、孔孟の血脈を識らざる者は、猶、船の柁無く、夜行の燭無く、瞽者の杖を失ひて、其の嚮方《きょうほう》する所を識ることなきがごとし」と仁斎は『語孟字義』に附された文章「大学は孔氏の遺書に非ざるの弁」でいっている。『論語』から読むとは、孔孟の血脈による儒家思想とそのテキストの本質的な批評を可能にするのである。ここで批評とは、近代の文献学的儒学研究者、たとえば武内義雄が継承した文献批判《テキスト・クリティーク》という意味ではない。『論語』から読むという仁斎古義学とは文献主義でもなく注釈学でもない。仁斎においてテキストを見分けることは、思想を見分けることであった。『論語』から読むこととは、孔孟の血脈という思想批評のいわば原基《クライテリオン》をもつことであった。仁斎のテキスト批判のラジカリズムは、同時に思想批判のラジカリズムであった。問題は仁斎における『論語』の見出され方、孔子の見出され方にある。

6　孔子、堯舜に賢《まさ》れること遠し

孟子は孔子の弟子たちによる夫子絶賛の言葉を引いている。宰我は「予を以て夫子を観れば、堯舜より賢れること遠し」といい、有若は「生民ありてより以来、未だ孔子より盛なるものは有らず」という。*14 これらの言葉はもちろん孟子その人のものでもある。そして仁斎その人のものでもある。堯舜を祖述する孔子を、「堯舜より賢れること遠し」という、この逆説を含んだ言葉はそれを聞くものに「なぜか」と孔子の存在意義をあらためて問いかける。仁斎の晩年の著述『童子問』はこの言葉を執拗に引きながら『論語』と孔子の意義を語っていくのである。

『童子問』で仁斎は「然らば則ち孔子の堯舜より賢れる所以の者、果たして何《いず》くにか在る」という問いを立て、「此れは是古今未了の大公案、学者の道に於ける、其の知ると知らざると、得ると得ざると、総て此に決す」*15 といっている。あの問いに答えうるかどうかに、学者として真に知るものかどうかの当否がかかっていると仁斎はいうのである。

蓋し知り難く行ひ難く高遠及ぶべからざるの説は、乃ち異端邪説にして、知り易く行ひ易く平正親切なる道は、便ち是堯舜の道にして、孔子立教の本原、論語の宗旨なり。昔在《むかし》孔子旁《あまね》く古今を観、群聖を歴選し、特に堯舜を祖述し、文武を憲章し、尽く夫の知り難く行ひ難く、磅礴《ほうはく》広大窺ひ測るべからざるの説を黜《しりぞ》けて、其の知り易く行ひ易く万世不易の道を立てて、以て生民の極とし、之を門人に伝へ、之を後世に詔《つ》ぐ。故に論語の一書、実に最上至極宇宙第一の書として、孔子の聖、生民より以来《このかた》未だ嘗て有らずして、堯舜に賢《まさ》れること遠しとする所以の者は、此を以てなり。[*16]

仁斎の同種の答えを煩を厭わず引けば、「学者真に能く高遠広大知り難く行ひ難きの説は、即ち邪説暴行にして、人倫日用平常行ふべきの道、実に至極為ることを知つて、而る後に自づから堯舜より賢れる所以の実を知らん」とも仁斎は答えている。孔子が教えた道とは、人びとが日常の生活で行うべき平易な道だ、ただそれだけだ。人間の生活という日常性を確立する生活の道こそが万世不易の常道なのだ。孔子が「生民より以来《このかた》未だ嘗て有らずして、堯舜に賢れること遠し」と敬仰されるのは、人倫日用の道を孔子が「万世不易の常道」として人に教えたことにあると仁斎はいうのである。なにゆえ孔子は堯舜に賢るかという問いの逆説性は、同時に答えの逆説性をも導いている。知り難い高遠広大な教説とは「邪説暴行」であり、かえって人倫日常の行いやすい道を説く平易な教えこそ「最上至極」だと仁斎はいうのである。この逆説的な答えに真理を認めることの、ことに学者における困難があの問いを「古今未了の大公案」といわせているのであろう。

『論語』を「最上至極宇宙第一の書」とし、孔子を「最上至極宇宙第一の聖人」という仁斎のこの過激な敬仰の言葉は、『論語』によって儒家の思弁的言説体系から「道」を解放しようとする仁斎古義学のラジカリズムに対応するものである。道とは端的に人の道である。「人無きときは則ち以て道を見ること無し」[*17]とは同じく『童子問』で仁斎がいう言葉である。

7　仁斎のラジカリズム

『論語』学而篇「曾子三省」の章につけた論注で仁斎はこういっている。「古は道徳盛んにして議論平らかなり。故に惟《ただ》孝弟忠信を言ふて足れり。聖人既に没して道徳初めて衰ふ。道徳初めて衰へて議論初めて高し」と。これは仁斎の『論語古義』の林本と称される仁斎生前最終稿本[*18]にある言葉である。この言葉は仁斎没後に刊行された『論語古義』には見出されない。「故に惟孝弟忠信を言ふて足れり」と仁斎が断乎として言いきった言葉は、刊本では「故に其の己れを修め人を治むるの間、専ら孝弟忠信を言ふて、未だ嘗て高遠微妙の説有らず」という説明的語調をもった文章に改められている。なぜ『論語古義』を校訂した嗣子東涯はこのように改めたのか。仁斎の「故に惟孝弟忠信を言ふて足れり」という言葉のもつラジカリズムが公刊に際して憚られたのか。多分そうだろう。東涯が父仁斎の著述に加えていった修正は仁斎古義学のラジカリズムの修正であった。

ひるがえって思えば、仁斎の『論語古義』とは「惟孝弟忠信を言ふて足れり」ということで『論語』を読み切ってしまった作業であったといえるだろう。そして仁斎学とは、「人無きときは則ち以て道を見ること無し」ということで、あるいは「人倫無きときは則ち天地立たず[*19]」ということで孔子の道をとらえ切ってしまった学問であり思想であったといえるのだ。「故に惟孝弟忠信を言ふて足れり」とか「人倫無きときは則ち天地立たず」といった仁斎の言葉は、解説する言葉をそれに加えようがない、あるいはそれを撥ねつけるような発見者の断定性をもっていわれている。たしかに仁斎は人倫日用における人間が無二の主題として位置している『論語』を発見したのである。この『論語』は、人間とその心を学者とともに長く絡め取ってきた性理学的思惟と言語への懐疑とともに仁斎によって発見されるのである。仁斎古義学とはこの性理学への懐疑とともに始まった『論語』発見への道であった。そして仁斎晩年の著『童子問』[20]には『論語』を再発見しえたものの歓喜と確信とが、あの「最上至極宇宙第一の書」という言葉とともにくりかえしのべられることになるのだ。

註

＊1　中井竹山『非徴』「総非」（中村幸彦校注『近世後期儒家集』日本思想大系47、岩波書店、一九七二年）。引用文中の括弧内は子安による補注。

＊2　伊藤仁斎『童子問』下。

＊3　伊藤仁斎『論語古義』綱領。生前最古の稿本である林本（天理図書館・古義堂文庫蔵）によっている。

＊4　仁斎の『論語古義』をはじめとする全著作は仁斎を嗣ぐ東涯らの手を経て刊行された。その『論語古義』の刊本からはこの「最上至極宇宙第一」の八文字は消えている。仁斎古義学のラジカリズムを思わせる多くの言句は刊本から削除されるか、その表現が緩和されている。

＊5　仁斎『語孟字義』。生前最終の稿本である林本による。
＊6　陳淳『北渓字義』附論朱子、理学叢書、中華書局、一九八三年。
＊7　仁斎は『童子問』でこういっている。「孟子の書、又論語に亜いで孔子の旨を発明する者なり。其の言に曰く、「堯舜の道は、孝弟のみ」と。又其の知り難く行い難く高遠及ぶべからざるの説を斥けて、以て説とし、暴行とし、痛く之を拒絶して、専ら仁義の旨を唱う。蓋し論語の義疏なり」（『童子問』上・第五章）。
＊8　やはり『童子問』上でいう言葉である。「津筏」は渡し舟。
＊9　徂徠「与伊仁斎」（『徂徠集』近世儒家文集集成3、ぺりかん社、一九八五年）。
＊10　徂徠は『弁道』をこう書き始めている。「道は知り難く、また言ひ難し。その大なるがための故なり。後世の儒者は、おのおの見る所を道とす。みな一端なり。それ道は、先王の道なり。思・孟よりしてのち、降りて儒家者流となり、すなはち始めて百家と衡を争ふ。みづから小にすと謂ふべきのみ」。
＊11　「道なる者は統名なり」（『弁名』道）。
＊12　徂徠の礼楽論は明治の啓蒙思想家、西周・加藤弘之らによって再評価されていく。徂徠学は近代国家論・法制度論形成の要求から再発見されるのである。丸山眞男の徂徠による政治の発見もまたこの系譜に属している。
＊13　仁斎「大学は孔氏の遺書にあらざるの弁」。『語孟字義』に附された文章である。
＊14　『孟子』公孫丑篇。
＊15　仁斎『童子問』下。
＊16　『童子問』上。
＊17　『童子問』上。「何をか人の外に道無し」という設問への仁斎の回答でいわれる言葉である。
＊18　仁斎は生前一冊の著作も公刊しなかった。『語孟字義』だけが仁斎の許しをえずに江戸で刊行された。仁斎の著作はすべて嗣子東涯らの手で校訂され、没後に刊行された。仁斎生前の稿本類は天理図書館古義堂文

庫に所蔵されている。林本とは門人林景范の筆写になる仁斎生前最終の稿本をいう。

＊19　『童子問』下。「夫れ人倫有るときは則ち天地立つ。人倫無きときは則ち天地立たず。日月も亦明ならず。四時も亦行はれず。人倫無きときは則ち有りと雖も猶無きがごとし。故に之を立たず、明ならず、行はれずと謂ひて亦可なり」（林本）。

＊20　『童子問』の第一稿は仁斎六十五歳のときに成立している。ただ他の著作とともに仁斎は最晩年（七十九歳で死去）にいたるまで修正補筆の手を加えていった。仁斎は死去の前々年と前年の二年間『童子問』の講義をしている。

第一章　古学先生伊藤仁斎の生涯と人となり

——『先府君古学先生行状』を読む——

伊藤仁斎の長子東涯によって記された「先府君古学先生行状」によって仁斎の生涯をたどってみよう。古義堂とその学問を継ぐ東涯による亡父仁斎の生涯の記述は、単なる伝記ではない。紹述先生と自ら諡《おくりな》した東涯は、尊敬する父仁斎の生涯に何を見出し、その歩みに何を跡付けようとしたのか、その生涯を通じての父仁斎の学的営為とその成果とをいかに顕彰し、後の人びとにどのように伝えようとしたのか。「古学先生行状」とは紹述先生東涯によってそのようにたどり直された先府君古学先生仁斎の生涯である。この「古学先生行状」によって仁斎の生涯を見る前に、まず嗣子東涯の生涯と人なりについて見ておきたい。この東涯なくして私たちは、仁斎の学の全体とその生涯とを今日このように知ることはないのである。東涯の人となりは、いっそうよく仁斎の人となりを偲ばせるのである。『先哲像伝』（弘化元年＝一八四四年序・斎藤義胤編）は東涯についてこう記している。

東涯伊藤氏、名は長胤、字は源蔵、また通称に用いる。慥々斎《ぞうぞうさい》と号す。仁斎の長子なり。よく家学を修して、遺著を校刻して、孝志を表す。その居堀川の東涯にあり、よって自ら号とす。東涯は寛文十年（一六七〇）四月二十八日生まれ、母は緒方（尾形）氏、余弟四人は皆、継母瀬崎氏の生むところにて、よく愛弟を守り、かつ兄弟ともに学業を主張す。世人歎賞して、伊藤の五蔵という。（中略）東涯の人となり恭倹謹慎、まことに篤行の君子儒なり。人の他を誹謗する事を語れば、悪しきことなりと答え、人の他を美誉することを語れば、それは善き事なりと答えたるのみにて、何の言葉も出さず。すべて訥々然《とつとつぜん》として、言う事能わざるごとくありしとぞ。父の業を守り、終身官途に就かず、家居して、天下の英才を教育し、他の嗜好なく、手暫くも書を釈《す》つる事なかりしとぞ、門下の授徒豪傑多く出《い》ず。元文元年（一七三六）七月十七日卒す。享年六十七。小倉山に葬る。私に諡して紹述先生という。

もう一つ天下の評を付け加えておこう。「東涯の学識比較の者なし。江戸には徂徠あり。東西芸園の主盟たり。この二人の右に出ずる者さらになかりし」と、『先哲像伝』は記している。ここでは東涯の『先府君古学先生行状』を抄出し、それを解説し、あるいは訳して、仁斎の人となりと生涯とをたどってみた。

先君子諱《いみな》は維楨《これえだ》、字は源佐《げんすけ》、初名は維貞、字は源吉、幼名は源七という。姓は伊藤氏。その先世は泉州堺津に住す。

【解説】先君子とは、亡くなった父を恭しくいう言葉。伊藤仁斎の先祖は泉州堺の人であった。祖父了慶のとき、「元亀・天正の間、摂泉二州の間大いに乱る。閭里《りょり》靖からず。遂に京師に住す」という。信長による延暦寺焼き討ち（元亀二）から石山本願寺攻撃（天正四）にいたる畿内動乱の時期である。その戦乱を避けて祖父了慶は京都に移り、「近衛の南、堀河の東街」に居をかまえたという。「廃著し、家を作《おこ》す。廃著とは物をたくわえて売り出すこと、商売を始めたのである。だがどのような商いであったか分かっていない。ともかく家を起こし、財を成したようである。そして仁斎の父の代にいたる。父了室、名は長勝、字は七右衛門である。母那倍《なべ》は里村氏、里村玄仲の娘である。仁斎はその長男として、寛永四年（一六二七）七月二十日、堀河宅に生まれた。幼名は源七といった。

幼くして深沈にして、常児に異なることあり。甫《はじめ》十一歳のとき師に就いて句読を習う。初めて大学を授かり、治国平天下の章を読みて謂えらく、今の世亦かくの如きの事を知るものありやと。

【解説】仁斎は幼くして落ち着いていて静かであり、普通の子と違っていた。十一歳ではじめて先生について儒学経典・四書の句読を習った。はじめて『大学』の授業を受けたとき、「治国平天下」の章を読んで、「今の世でも治国平天下の大事を知るものはいるのだろうか」といったというのである。恐らくこのことは仁斎の生前から語り伝えられたことだろう。あの子は普通ではない、生まれついた儒者だと。母那倍《なべ》は連歌師里村玄仲の娘であり、父了室も『四書集注』や『近思録』などを手許に置く教養人であったという。上層の町衆を含めて京都の人びとが具えていた文化的・知的教養の高さが、少年仁斎における知的早熟の前提をなすものだろう。仁斎は早くして詩を作りはじめ、その語を出すこと平凡ではなかったという。十九歳のとき、父にしたがって琵琶湖に遊び、詩を作る。

古来云う此の水　一夜にして平湖と作《な》ると
俗説尤も信じ難し　世伝詎《な》んぞ亦迂なる
百川流れて已まず　万谷満ちて相扶く
天下滔々たる者　応《まさ》に憐れむべし異教に趨《はし》るを

時に『李延平答問』を購いてこれを読む。熟復して釈《お》かず。紙ために爛敗《らんぱい》す。これより心を伊洛の学に覃《およ》ぼす。専ら『性理大全』『朱子語類』等の書を読み、日夕研磨し、その精奥に詣《いた》る。「無極の吟」を作りて云わく、「本未だ曽て生ぜず、豈又死せんや。悠々たる蓋壌《がいじょう》、吾が身を共にす。人有りて若しこの心の妙を問わば、無極の一図これこの真」と。『心学原論』『大極論』『性善論』を著す。皆二十八九歳の間に在り。その居る所に自ら誠脩の二字を掲げて、以て自ら警しむ。

【解説】ここにあるのは仁斎の二十歳代、学に志した時期の記述である。しかし考えて見れば、十七世紀の半ば、京都町人の出である一青年が強く学に志し、その志を実現しうるような環境と機会と方途とをもっていたというのはまことに不思議である。なぜ可能であったのだろう。伝記は一般に達成者の資質・才能・努力に理由づけて記述する。ここでも東涯は、「日夕研磨し、その精奥に詣る」というように青年仁斎による学への精励をのべていく。しかし町人の家の二十歳代の青年にそのような学への精励の機会があること自体が不思議なのだ。しかも彼の家に『性理大全』『朱子語類』といった専門儒学者にとってのみ必要な書籍、あるいは中国の科挙受験者にとって不可欠である文献が具えられていることをどう考えたらよいのか。一つは父伊藤了室が京都の上層に属する相当に裕福な町人であったことが推定される。そしてこの上層町人と公家や僧侶など朝廷・寺院周辺の知識層との交流世界が京都には存在したのであろう。一世紀後に商人と知識層との交流世界は大坂に実現し、懐徳堂とその学問の成立基盤になる。青年仁斎の学への志は京都のこの世界を背景にはじめて可能であったのであろう。もちろん儒学者という社会的存立のあり方自体が、松永尺五《まつながせきご》(一五九二—一六五七)という例外的な事例でしかなかった時代である。むしろ松永の門下から学者たちが生まれてこようとする時代である。仁斎は自分の我がままを押し通す形で学の志を貫こうとするのである。伊藤家はこの青年仁斎の学への志を許すような余裕をもっていたのである。

もう一つここで触れなければならないのは、青年仁斎が修めようとしている儒学の性格である。彼が修めているのは朱子学であるが、しかしそれは内面的な、心学的な傾向をもった朱子学であった。「熟復して釈《お》かず。紙ために爛敗《らんぱい》す」というほどに青年仁斎が読んだ『延平答問』の著者李延平とは朱子も師事した学者であるが、「黙坐して心を澄まし、天理を体認せよ」と説く静寂主義的な傾向の強い儒学者であった。仁斎は強い内面的志向において朱子学を受容しているのである。宋学あるいは朱子学は日本では京都五山の禅僧たちによって禅儒一致の立場で受容されたのである。青年仁斎が学ぼうとする朱子学は、この禅儒一致的立場で受容された朱子学の、さらに心学的傾向を増した学であるようである。京都に松永尺五らによって成立しようとする朱子学は、禅的世界から市井に出て、新たな近世社会に必要な教養的な学として再形成されるものである。青年仁斎はその世界の近くにおりながら、それとは距離をとり、孤立して、内面的傾向において朱子学を原理主義的に窮めようとしていたようである。それは「無極の吟」に示され、『心学原論』以下の論述に結実するのである。それは『行状』が記すように仁斎二十八九歳の時期である。伊藤家はやがて三十歳になろうとする仁斎のこの原理主義的な学の追求を可能にしたのである。

俄《にわか》に羸疾《るいしつ》に罹り、驚悸寧《きょうきやす》からざるは、殆ど十年ばかりなり。首を俯し、几に傍りて門庭を出でず。左近の人、多く面を識らず。その与《とも》に語るものは井上養白一人のみ。時に儒学未だ盛んならず。その学ぶものは専ら詞賦記誦を以て務めとなす。而して道学を講ずるものは稀なり。故に親旧知識多くは医と為れば售《う》れ易からんと、催督甚だ苛《きび》し。先生耳聞かざるがごとし。千辛万苦、始めて志の如くすることを得たり。宅を仲弟に附して、松下巷に僦居《しゅうきょ》して、云々。

【解説】二十代の終わりの時期に仁斎は突然病いを発する。「驚悸寧からず」というのは、激しく動悸したりして心身不安定な状態におちいったということであろう。それを心臓あるいは肺の病とするものもいるが、むしろ心身症的な心の病であろう。学問を強く内面的に方向付け、禁欲的に追いつめていった結果の病だろう。ほとんど門を出ないという状態が十年ほど続いたというのである。その間に、あるいはそれ以前に仁斎は周辺から医師になるようにすすめられた。学者プロパーとしての生業は江戸時代を通じて基本的に成り立たない。多くは藩校や塾・寺子屋の教師であるか、医者である。ましてや仁斎の青年時代に市井で学者プロパーの生活を送ることなど考えられなかった。それゆえ仁斎はしつこく医師になれと周囲からせめられたのである。彼はそれを耳に聞こえないかのごとくに斥け続け、学者たる初志を貫こうとした。その結果、家を仲弟七左衛門に譲り、仁斎は松下町に隠棲することになったのである。しかしこれも伊藤家だけに可能な例外的な事態であっただろう。一般には仁斎におけるように学者プロパーであることを貫くことなどとてもできない。

松下巷に僦居して、書を読むの間、これを仏老の教に求め、嘗て白骨観の法をも修す。これを久しくして、山川城郭悉く空想を現ずるを覚ゆ。その是に非ざることを悟りて醇如たり。

【解説】松下町に仮住まいしたこの十年は、仁斎にとって精神的に危機の時代であった。救いを仏教や老荘の思想に求めたり、王陽明や羅近渓など明代の反朱子学的な儒者たちの思想に解決の道をさぐったりした。さらに白骨観といった禅家の内観法を試みたりもしたのである。この白骨観法に

ついて仁斎は後年人にこう語っている。「白骨を観ずる法とは静座して自己の一身をおもうに、工夫熟する時、皮肉悉く脱露して只白骨ばかりあるようにみゆるとなり。かくのごとき時、悟道せざる事を憂えずといえり。僕嘗てわかかりし時、此の法を修し侍り候。工夫熟して後は、自己の身白骨にみゆるのみならず、他人と語るにも白骨と対談するようにおもわれ、道行く人も木偶人のあるくようにみゆ。万物皆空想あらわれて、天地もなく生死もなく、山川宮殿までも皆まぼろしのように思われ侍り候。かれがいわゆる明心見性の理に自然に符合せり。孝悌忠信などは皆その浅くしていうにたらぬように覚え侍り。これ僕が静座する事久しくして心地霊明なるの至り、自然に見付けたる見解にて天地の実理にあらず。仏者の人倫を掃て、日用にはなるる皆此の理より来たれり。尤もとおぼえ侍り」（「送防州太守水野公序」『稿本仁斎先生文集』）。これを見れば、仁斎のおちいった精神的苦境から脱出するための模索はかなり深刻な形でなされていったようである。この模索の深刻さはおちいった苦境の深さをも告げている。ここからの脱出は容易なことではなかっただろう。『行状』はこの仁斎の苦境をあまり伝えようとはしない。仁斎は直ちに白骨観法の非を悟ったかのように記している。「その是に非ざることを悟りて醇如たり」と。だが仁斎自身は、この苦境にいたる青年時の学とその時期の文章を顧みて、「旧学を顧り視るに、まさに一生を誤らんとするがごとし」（「読予旧稿」『古学先生文集』）といっているのである。危ない時期だったのである。

――寛文壬寅京師地震う。遂に家に還る。これより先、宋儒性理の説、孔孟の学に乖《そむ》くを疑うこと――

あり。参伍出入し、沈吟すること年有り。ここに至って恍然として自得し、略《ほぼ》条貫に就く。乃ち謂えらく、大学の書は孔氏の遺書に非ず、及び明鏡止水、冲漠《ちゅうばく》無眹《むちん》、体用、理気等の説は皆仏老の緒余《しょよ》にして、聖人の旨に非ずと。

【解説】寛文二年（一六六二）に京都に大きな地震があり、それを機に仁斎は堀川の生家にもどったという。三十六歳の時であった。それより先、仁斎に思想上の転機が訪れる。宋儒における哲学的宇宙観・人間観を構成する性理学が孔孟の考え方に反するのではないかとの疑いが生じ、諸書を紐解き、あれによりこれによりして考えること数年、その誤りをはっきりと筋道立って会得することができたという。すなわち、四書の一つとして尊重される『大学』は孔子の考えを正しく伝える遺書の性格をもたない、また宋儒における「明鏡止水」「冲漠無眹」といった本体論的概念や、その本体論的思考を構成する体用論、理気論などはみな仏老の余りものであり、決して聖人の本旨ではないと。

始めて門戸を開き、生徒を接延す。来たるもの輻輳《ふくそう》し、戸屨《しばしば》常に満つ。信ずる者は以て間世の偉人と為す。疑う者は以て陸王の余説と為す。先生その間に処りて、是非毀誉、恬として問わず。専ら往を継ぎ来を開くを以て自ら任ず。時に年三十六。始めて論孟古義、及び中庸発揮を草定す。又同志会を設け、夫子の像を北壁に掲げ、鞠躬《まくきゅう》して拝を致し、退きて経書を講説し、過失を相規《ただ》す。又許氏月旦の評に倣い、人物を品第《ひんだい》し、生徒を倡励す。或いは私擬策問して、以て書生を試みる。経史論題を設けて、以て文を課す。月率《ごと》に以て常とす。

【解説】堀川の生家に帰った仁斎は塾を開き、生徒への授業を始める。受講者が多く、常に家を満たすほどであったという。仁斎を信じるものは近頃の偉人と称し、疑うものは陸王心学の末説と貶した。だがそうした毀誉の間にあって、仁斎は恬然として、ただ「往を継ぎ来を開く」ことを己れの任としたと『行状』は書く。時に仁斎は三十六歳であった。十年にわたる精神の危機を乗りこえ、人倫日用の場に立ち返った仁斎は、教師として、古学者として活動を開始する。生徒に対する授業とは別に、同志会という共に勉学する学習組織を作る。『文集』に載る「同志会の式」によると、同志会の運営は次のようである。会の当日、会衆中より会長を選び、その日の会を主宰せしめる。先聖先師の位前に礼拝し、つぎに会約を読む。そしてその日の講者が書を講ずる。それが終わると質疑が行われ、その答えに問題があれば会長が補佐し、まとまりをつける。さらに別の講者が講じ、質疑も終わると、会長が策問あるいは論題を提示する。会衆がそれぞれ論策をまとめると、会長がそれに簡単な言葉や批判をそえる。会の講義論策や、貴重な問答は筆記され、それぞれ一冊にまとめられる。会長としてこの会を主宰したのは仁斎であろうが、会則からは仁斎も同志会の一員なのである。『文集』に載せられている多くの「講義」「策問」「私擬策問」はこの同志会が高いレベルで真剣に行われた学習会であったことを伝えている。一六六〇年という時期にこのような同志的学習組織が存在しえたことは、やはり驚異である。ここには学問への仁斎のラジカルな姿勢をうかがうことができる。仁斎の人柄は温厚であったが、学問的にはきわめてラジカルであった。

仁斎によるこの開塾と同志的学習の発足は、彼における古義学形成への歩みが始まったことを意味する。『行状』は寛文二年のその年に『論語古義』『孟子古義』『中庸発揮』の最初の草稿が書き始められたことをいっている。この時に始まった『論語』『孟子』の古義学的解説作業は最晩年にいたるまで続くのである。

延宝癸丑五月、京師大火あり。先生災に遭い、京極大恩寺に僑居《きようきよ》す。これより先、母孺人膈噎《かくいつ》を患う。奉養慎至、引きて三年に至る。時に細川越中侯幣召す。侍養人無きを以て辞す。この歳七月十一日、孺人遂に僑居に終わる。終わりに臨みて、合掌作礼し、先生孝養の篤きを謝す。視るもの感涕す。先生その喪に服す。(中略)明くる年九月十日、了室府君卒す。喪に服すること、前に通じて凡そ四年という。

【解説】延宝元年(一六七三)京都に大火があり、堀川の家も罹災し、仁斎は母とわずかに『古義』の草稿を抱いて、京極の大恩寺に避難した。時に仁斎四十七歳である。寛文元年に同志会を結成し、翌二年に堀川に門戸を開いてより十余年、その間に、まず『論語古義』の初稿が、ついで『孟子古義』の初稿が成ったのであろう。大火に遭ったその年、大恩寺の僑居で母那倍を失い、その翌年には父了室が没する。仁斎は通計四年の喪に服する。その間講義、同志会を休止する。同志会はそのまま自然解消されて再開されないが、講義が再開されたのは延宝四年（一六七六）十月である。その前、延宝元年の京の大火に先立つ頃、細川侯の招聘を受けるが、病母を侍養する者のないことを理由にそれを断った。仁斎は生涯出仕することなく、市井の学者、学の指導者としてその生を終えた。

丙辰の歳に及びて服闋《おわ》る。十月始めて論語を講ず。月ごとに三八の日を定め、これより論・孟・中庸の三書を反覆輪環し、終りて復《また》始む。旁《かたわ》ら易・大学・近思録等の書に及ぶ。教授して倦まざること、四十余年なり。講ずれば必ず直ちに主意を明かす。間に己が見を述べて、務めて学者受用の地を為さんと欲す。而して末義を研究せず。聖賢の言を述べること自言を述ぶるが如くす。従容饜飫《しょうようえんよ》、粧点《しょうてん》を事とせず。聴く者は竦動《しょうどう》して、警発する所多し。名望日《ひび》に隆く、遠邇に達す。搢紳家、左を虚《あ》けて以て待つ。乃至士庶の往来して京を過ぎ、稍《やや》志あるもの、有学無学を問わず、一たびその面を識り、一たびその講を聴くことを願わざることなし。道要を叩問《こうもん》し、疑難を質正し、虚にして往き、実にして帰る。歎服せざることなし。刺を投じて来謁するもの、録に著るること凡そ三千余人。

【解説】延宝四年、講義を再開した仁斎は講義日を毎月三、八の日に定め、『論語』『孟子』『中庸』

の三書を繰り返し講じていった。そのかたわら『易』『大学』『近思録』なども講じた。ここには仁斎の学問姿勢がはっきりと現れている。孔子の本質的な教えの書を根幹にすえてはなさない、真っ正面からの堂々たる姿勢である。「教授して倦まざること、四十余年」というのは、三十六歳で門戸を開いてから、最晩年にいたるまでである。彼の学問姿勢は、教授姿勢でもある。直ちに主意をとらえ、それを自分の言葉で説き、聞くものに受用の基盤を与えていく。決して末義末説を究めることはしない。「従容厭飫、粧点を事とせず」と東涯は仁斎の学問と教授態度をいっている。「ゆったりと満ち足りていて、自ら飾ることはしない」ということであろうか。仁斎の名声は日々に高くなり、高貴の人びとは上席を空けて仁斎を迎えようとし、士庶の志あるものは一度は古義堂を訪ねて、仁斎に面謁することを願ったという。「士庶の往来して京を過ぎ、稍志しあるもの、有学無学を問わず、一たびその面を識り、一たびその講を聴くことを願わざることなし。道要を叩問《こうもん》し、疑難を質正し、虚にして往き、実にして帰る。歎服せざることなし」という『行状』の記述は仁斎と古義堂の名声を実に生き生きと伝えている。この記述が教えているのは、仁斎の人倫日用の実学とその教えが、十七世紀後半の近世社会で求められた教えであったということであろう。仁斎の名声とは、人びとにおける人倫日用の学の要求の強さでもある。この要求に応える学者が現れたのである。

――その生徒を教導するに、未だ嘗て科条を設け、督察《とくさつ》を厳にせず。（中略）字を識らざるの人と――

雖も、これに告ぐるに諄々反覆し、唯その意を傷むことを恐る。その言を聴きて、各々得るところあり。その文は辞理平穏、務めて暁り易きを欲す。而して繁文綺語を事とせず。時に宗匠を推し、一篇を出だすごとに、伝播咀嚼し、人以て楷となす。又訳文会を創り、国字を以て古文を換え写し、学者に与えて、復するに漢字を以てし、その添減順逆の別を校して、以て文法を諳んず。甚だ初学の弘益を為す。

【解説】ここには十七世紀日本の市井にあって、市井にある人びとに教授するものの態度がある。この態度は仁斎に先立って近江の僻村で教授した中江藤樹がとった態度でもあった。人に教えるとは何か、あらためて考えさせる。仁斎は生徒を教導するにあたって規則を設けたり、厳しく監督したりすることを決してしなかった。文字を知らない人が教えを乞うたなら、諄々と反復して教え、ただその勉学への志を傷つけることを恐れた。その人の言葉を聞けば、それぞれに必ず得るところがあるとした。仁斎の文章は、その言辞も道理も平穏であり、決して繁文綺語を用いることはなかった。古義堂の訳文会もこの教授の一つのあり方であったのだ。

天和三年（一六八三）五月、稲葉石見守正休のために『語孟字義』を著し、また『論語古義』『孟子古義』『中庸発揮』を門人たちに筆写せしめて進呈した。『語孟字義』の成る天和三年、仁斎五十七歳のこの時期を、彼の古義学の一応の成立期と見ることができる。しかしこの時期以降、仁斎の学問は静かな完成への歩みを辿るというのではない。門人長沢純平の求めに応じて『大学定本』を作るのは貞享二年（一六八五）である。仁斎の思想を代表する『童子問』が書き始められるのは、元禄に入ってである。現存する『童子問』の最古の稿本は元禄四年（一六九一）、仁斎六十五歳の時のものである。そこにはなお縦横の書き入れがある。さらに重要なことは、仁斎晩年、門人林景范の筆写になる『論語古義』『孟子古義』『童子問』などの生前最終の稿本（林本）が成るまでに、それぞれ数度にわたる改訂がなされているということである。『論語古義』についていえば、初稿を改訂する第二稿が成るのが天和三年に先立つ時期であり、そして元禄初年、元禄九年、元禄十六年前後の時期にそれぞれ改訂がなされるのである。仁斎は生涯、自分の著述の改訂作業を続け、完成させることをしなかった。『行状』は、「凡そ纂述の書、逐旋《ちくせん》修改《しゅうかい》し、未だ嘗て手を停めず。故にその書未だ嘗て刊刻せず。門人の伝録異同多し」という。『行状』のいうように、仁斎の生前に刊行された著作はない。ただ『語孟字義』だけが仁斎の許しをえずに無断で、元禄八年（一六九五）に江戸で出版された（贋刻本）。徂徠などが読んだのはこれである。

性資は寛厚和緩、人その疾言遽色《しつげんきょしょく》を見ず。城府を設けず、辺幅《へんぷく》を修めず。未だ嘗て古怪《こかい》迂僻《うへき》矯激《きょうげき》の行いを為して、以て駭異を取らず。人、少長と無く、これに接するに誠を以てし、厭怠の色を見せず。その大義の関わる所に及びては、これを誘うに万錘を以てすといえども奪うべからず。常に字を書するを好みて、未だ嘗て法帖を模臨《もりん》せず。毎旦晨《あした》に起き、先ず几に憑《よ》り、

楷草数紙を乱書す。家人餐を促すこと頻々にして始めて罷《や》め、率《したが》うを以て常と為す。間意《まま》に適うときに遇えば、和歌を賦す。真率にして、興を遣《は》らし巧緻を要《もと》めず。常に天気明媚《めいび》の候に値えば、子弟三数輩を拉さえて、杖屨倘佯《じょうくしょうよう》、吟詠して帰る。家本と寒薄、伏臘《ふくろう》支え難し。先生これに居りて泰然、倹素自ら牧《やしな》い、贏余《えいよ》を求めず。仕を求めざるに非ず、仕を求むるの計を為さざるなり。禍を避けざるに非ず、禍を避くるの謀を為さざるなり。

【解説】仁斎の人となりは寛容温厚であった。人は慌ただしい物言いや態度を仁斎に見ることは決してなかった。また人とのつき合いで垣根を設けたりすることはなく、上辺を飾ったりすることもなかった。奇異奇嬌さをもって世を驚かすようなことをかつてしたことはなかった。老若となく人には誠実に対し、倦怠の色をみせることはなかった。大義にかかわっては、万金をもってしてもその立場を変ずることはなかった。常に字を書することを好んだが、法帖をなぞることを決してしなかった。毎朝起きてまず机に向かい、楷書草書さまざまに数紙に乱れ書きし、家人が朝食をしきりに促して、やっと席に着くようであった。先生の日常はおおむねこのようであった。時折、気が向けば和歌を詠んだ。真情のままに、興趣に従って詠み、決して巧みを競うものではなかった。晴れやかな天気の日には、数人の子弟をともなって野外を散策し、詩歌を詠じながら帰った。家はもともと貧しく、季節の祭りに滞るようであったが、先生は泰然としてその貧に居り、決して必要以上のことを求めることはされなかった。禍を避けないわけではなかったが、ただ禍を避けるための計をめぐらすようなことをされなかったのである。

嘗て仁斎と号す。居る所の堂前、海棠一株有り。因りて又棠隠と号す。著すところ論孟古義十七巻、中庸発揮、大学定本、周易乾坤古義各一巻、語孟字義二巻、童子問三巻、文集三巻、詩集一巻、春秋経伝通解、日札、極論、読近思録鈔。皆未だ書を成さず。緒方氏を娶る、玄安の女。継ぎに瀬崎氏を娶る、豈哲《がいてつ》の女。子男五人、長胤・長英・長衡・長準・長堅。女三人、仲は小見山氏に適《とつ》ぐ、余は未だ嫁せず。

宝永二年乙酉三月十二日丙午未の時、家にて終ゆ。享年七十有九。越えて望日己酉、小倉山二尊院、先塋《せんえい》の側に葬る。墳の高さ四尺、以て馬鬣《ばしょう》に擬すと云う。私に諡《おくりな》して古学先生と曰う。

【解説】宝永二年（一七〇五）正月痰疾を病む。その年三月十二日に仁斎は永眠する。享年七十九歳、嵯峨小倉山二尊院に葬られる。長子東涯が古義堂を嗣いだ。子は東涯のほかに梅宇・介亭・竹里・蘭嵎の男五人、女三人であった。仁斎は四十六歳のとき細川侯の招きを受けるが、彼はそれを辞し、生涯市井にあって一儒者としてすごした。

第二章　「孔子の道」の古義学的刷新

――『語孟字義』を読む――

序　『語孟字義』とは何か

寛永四年（一六二七）、京都堀川の町人伊藤家に生まれた仁斎は、儒家古典の本質的な読み直しによって近世思想に新たな地平を拓いた。儒家古典のこの読み直しの学的方法を古義学という。またその学は、彼に続く荻生徂徠（一六六六―一七二八）の古文辞学とともに古学と称される。古学は後の本居宣長（一七三〇―一八〇一）の国学の形成をもうながすような、近世における学問的革新の運動であった。『語孟字義』とは、後にのべるように朱子学における『性理字義』を批判的な前提にして、仁斎古義学の立場から儒家概念の刷新的読み直しをはかった書である。儒家思想の古義学的刷新がなされていったのである。

1　儒家古典と朱子学

近世社会にあって学に志すことは町人にも可能であった。儒家古典の読み方と理解の手ほどきを市井の漢学の師にえながら、彼らは学を進め、認識と思索とを深めていった。ところで儒家の古典はそのままの姿で彼らの学的志向の先に存在していたわけではない。経典・経書と呼ばれる古典は、長い中国の歴史を通じてなされてきた何層もの解釈をまとって存在するのである。その最大の解釈は宋の時代の朱子によってなされたものである。朱子(一一三〇—一二〇〇)は中国の思想伝統を理気論として集約しながら大きな哲学体系を確立した東アジア最大の哲学者である。この朱子によって儒家古典の読み方は一変した。あるいは儒学というものが古典の訓詁注釈の学をこえた、自然学から政治学、そして倫理学にいたる学問体系としてはじめて成立したのである。この学問体系を貫くのが理気論という理論であり、それを根底づけるのが性理学という哲学である。朝鮮や日本における社会的影響力をもつ儒学思想とはこの朱子学であった。したがって朱子学とは、朱子とその後継の儒家、中国だけではなく、朝鮮・日本の儒家たちによって展開された儒学思想をさしている。学に志した若き仁斎が学んだのもこの朱子学であり、朱子学的解釈による儒家古典であった。

2 人は『論語』をどう読んだのか

人はたとえば『論語』という古典を直ちに読めるわけではない。それは時間的にいっても二千余年を隔てたはるか彼方に成立したテキストである。しかも中国の古語・古文からなるテキストである。その『論語』が人類の古典とされるゆえんは、『論語』がなおかつ現代のわれわれに教えるものをもっているからである。そしてその教えを『論語』からわれわれに導くのが、儒家という学者たちであったし、いまでは中国哲学の教授たちである。この『論語』をはじめとする儒家古典から導かれる教えが、哲学的な意味において一新され、しかも理論的に体系化されたのは朱子によってである。そして儒家古典自体もまた「四書五経」という経典・経書として体系化され、それに『四書集注』という注と解釈とが朱子によって加えられていったのである。したがって江戸時代の人びとは『論語』を読む場合、朱子の『論語集注《しっちゅう》』によって読むのが普通であった。だから当時人びとは『論語』を朱子の哲学的・倫理学的な解釈を通して読んでいたのである。そしてこの解釈は時代とともに制度化され、固定化されていった。ことに科挙という国家試験制度が存在した中国では、経典解釈の制度化の傾向は著しかった。さらに学派的言説として朱子学は、継承するそれぞれの学派でより精緻に理論化されていった。これもまた学問的権威と権力とを競う学派的言説としての制度化である。そうなると『論語』が本来もっている生命は、こうした制度化された解釈とその学習のなかで失われてしまうことになる。

制度化された言説は人びとを苦しめ、拘束する。若き仁斎は真摯に学べば学ぶほどかえって精神的苦痛に陥ることになった。十年にわたって青年仁斎を苦しめていた精神的境域からの脱却は、仁斎において『論語』の再発見とともになされていった。『論語』の再発見とは、朱子学的解釈の呪縛から『論語』の生命をとりもどすことであった。

3　『論語』の再発見と古義学

『論語』は仁斎によって再発見されたのである。朱子たち後世儒家の解釈的言説から仁斎は『論語』の生命をとりもどしたのである。『論語』における孔子の言葉がもつ本来の意味を再発見すること、そのための読み直しの方法が古義学である。彼の目の前にある『論語』は朱子学的な解釈的言説に覆われている。したがって仁斎はまずこの朱子学的言説から『論語』や孔子の言辞を解き放たねばならない。古義学とは朱子学的言説の解体的な批判作業とともになされる『論語』読み直しのための作業の方法である。『語孟字義』の巻頭の識語で仁斎はこういっている。

予かつて学者に教うるに語孟二書を熟読精思して、聖人の意思《いし》語脈《ごみゃく》をして能く心目の間に瞭然たらしむるときは、すなわちただ能く孔孟の意味血脈を識るのみにあらず、又能くその字義を理会して、大いに謬るに至らざることをもってす。(『語孟字義』識語)

なぜ『論語』『孟子』の二書であるかはあらためていう。仁斎は「語孟二書」をくり返して読めという。そして聖人孔子の考え方と思想展開の筋道とを「心目の間に瞭然たらし」めるように読むことだという。そうすることによって「道」や「天」や「仁」などの「字義」の理解において学習者は誤ることはないと仁斎はいうのである。古義学とは、孔子の考え方や思想的文脈をとらえることでなされる儒家経書の読み直しと儒家概念のとらえ直しの方法である。この古義学の方法をもって仁斎は『論語』をはじめとする経書を読み直していく。たとえば『論語古義』という『論語』の読み直しの作業を仁斎は終生続けていくのである。

ところで『論語古義』という古義学的作業を仁斎は、『論語集注』という朱子の『論語』解釈を前提にし、その批判的な解体を通して『論語』における孔子の言葉の意味をとらえ直す作業として展開している。学問的言説世界における古典の読み直しとは、それを覆ってきた既成の支配的言説から解き放つ形で古典を再発見することである。その際、後世における朱子らの解釈的言説を批判する原基は何か。それは『論語』における孔子の言葉である。だから『論語』をくり返し読み、孔子の考え方を学ぶことは、己れにおけるこの批判的原基を確立することであり、そのことは同時に孔子の教えの本来の意義を、すなわち古義を見出すことでもある。こうして古義学は儒家経書の最初の文献批判の方法となるのである。仁斎はこの文献批判の方法をもって、『大学』は「孔氏の遺書に非ず」といい、その経典性を否定するのである（『大学定本』）。

なお『論語古義』『孟子古義』などの著作の修正補筆を仁斎は終生続け、生前その著書を刊行しなかった。『語孟字義』だけが無断で江戸で刊行された。仁斎のすべての著書は没後に嗣子東涯らの手によって順次刊行された。

4 『語孟字義』という書

『語孟字義』とは『論語』と『孟子』とによって基本的な儒家概念の意義を明らかにした書である。仁斎は孟子を聖人孔子の思想的血脈を受け継いだものとし、『孟子』を孔子の教えの正しい思想展開の書とみなしている。『論語』で弟子との対話において簡潔にのべられた孔子の教えを、孟子が諸子の分立する時代のなかでより説得的で、より一般的な思想的言説として展開させたのが『孟子』だとしているのである。仁斎は『孟子』を「論語の義疏」だといい、「学者孟子を熟読せずんば、必ず論語の義に達すること能わず。蓋し論語の津筏《しんばつ》なり」（『童子問』）といっている。『孟子』は人を『論語』に導く渡し船だというのである。『論語』において人びとの日常における実践の教えとして説かれた孔子の言葉のより広い思想的な意味を、人は『孟子』において見出すことができるとするのである。こうして「語孟二書」によって「天道」や「道」「徳」などの儒家概念の本来の意義、すなわち古義が読みとられていくのである。

『論語古義』が朱子の『論語集注』を批判的な前提にしていたように、『語孟字義』にも前提にされた書がある。それは朱子の高弟陳北渓（陳淳、一一五九―一二二三）による『性理字義』（『北渓字義』ともいう）である。『性理字義』は文字通り朱子の性理学によって儒家概念の意義を解説した「朱子学辞典」である。朱子による経書解釈、すなわち『四書集注』を理解するための最良の手引きとされたものである。『性理字義』とはだから「四書」の朱子学的解釈の言説を学習者にその再生産を可能にするガイドブックであった。そこでは「命」「性」「心」「情」や「道」「理」「徳」などの概念が朱子学的に説明され、朱子学的に再構成されている。まさしく朱子学という制度的な学派的言説はこうした手引きによって作られていったのである。

仁斎はこの『性理字義』を前提にしながら、「語孟二書」によってこの「朱子学的字義」を徹底して解体し、「古義学的字義」として儒家概念を再生させていくのである。『語孟字義』とは儒家概念の批判と再生とが、古義学という思想的方法をもってなされた日本思想史上の最初の大事な成果である。『語孟字義』の最初の稿本が成立したのは天和三年（一六八三）、仁斎五十七歳の頃である。生前最終の稿本は宝永元年（一七〇四）、七十八歳のときに成る。生前に無断で刊行されたこともあり、『語孟字義』は仁斎の著作で最も広く流布した書である。

5 「道」と「性」

『語孟字義』の上巻は「天道」「天命」「道」「理」や「性」から「良知良能」にいたる十四章からなっている。下巻は「忠信」「忠恕」「誠」から「春秋」「総論四経」にいたる十六章からなる。それに「大学は孔氏の遺書にあらざるの弁」「堯舜すでに没し邪説暴行又作《おこ》るを論ず」の二つの文章が付されている。いま「道」と「性」章とによって『語孟字義』における古義学思想を見てみよう。

「道」章は「道はなお路のごとし。人の往来するゆえんなり」という言葉をもって始まる。儒家の根幹的概念である「道」は道路のメタファーでとらえられる。「道」が路であるとは、何よりそこを人が往来通行するからである。「道」とは人が往来通行する人間社会の態様と不可分な概念である。ここから「道」は「人倫日用当に行くべきの路」ととらえ直される。親子・夫婦・兄弟・友人知人などの交わりをもった人間の日常生活がそれに従って行くような路が「道」だというのである。したがって「道」とは人が「須臾《しばらく》も離るべから」（『中庸』）ざるものである。また「匹夫匹婦」「愚不肖者」もまたその上を歩むことのできる道である。「道とは、人倫日用当に行くべきの路、教えを待って後有るにあらず、亦矯揉《きょうじゅう》して能く然るにあらず。みな自然にして然り。四方八隅《はちぐう》、遐《か》陬《そう》の陋《ろう》、蛮貊《ばんぱく》の蠢《しゅん》たるに至るまで、おのずから君臣・父子・夫婦・昆弟・朋友の倫有らずということなく、亦親・義・別・叙・信の道有らずということなし。万世の上もかくのごとく、万世の下も亦かくのごとし。故に曰く、須臾《しばらく》も離るべからずと、是れなり」と仁斎はいうのである。

古義学とはここでは、朱子においてその規範性の究極的基底を「天」にもつ「道」を、人倫日用の場へと取り返し、「人の道」としてとらえ返す作業である。「道」とは人間の関係性が自ずからそなえる「人道」であり、人間の生活が常にそこを基盤にして行われる「常道」である。『論語』における孔子の教えとはまさしくこの「人の道」の教えなのだと仁斎はいうのである。

「性」章は「性は生なり。人その生ずるところのままにして加損すること無し」という言葉をもって始まる。「性は即ち理なり」（朱子『中庸章句』）として朱子性理学を構成する本体論的「性」概念は、仁斎によって人間の生得の性質としてとらえ返される。この人間のもって生まれた性質（生質）という「性」概念は、朱子学において「本然の性」に対して「気質の性」として区別される「性」に類似する。「性善」をいう孟子も「気質を離れて言うにあらず」と仁斎はいう。だが朱子の

「気質の性」が人間や動物の種差や個体差を基礎付けていくのに対して、仁斎の「生の質」としての「性」は、人間がもって生まれた共通の心の動きを指し示していく。その心の動きとは「四端の心」である。その心が無いのは人ではないと孟子がいう「惻隠・羞悪・辞譲・是非の心」である。これを「四端」というのはその心が「仁・義・礼・智」の「端」とされることによってである。孟子は「人の四端有るや、なおその身の四体有るがごとし」(『孟子』公孫丑上)という。ところで朱子性理学は「仁・義・礼・智」を心の本体としての「性」だとし、「惻隠・羞悪・辞譲・是非の心」を心が動き、外に現れ出た「情」だとした。そこから「端」は本体が外に現れる「端緒《いとぐち》」の意に解されるのである。ここには朱子性理学が構成する心情観・人間観・道徳観が凝縮して示されている。

仁斎は「性」を活物としてある人間の「生の質」だとするのである。「心」も活物としての人間の「心」としてあり、性・情が区別されるようなものではない。したがって「性」とは心の本体ではなく、人間の心のもち方、動き方にに共通する性質である。そして「四端の心」こそ人間であることを証す心の動きであり、「性」にほかならないのである。孟子が「性善」というのはこのことをいうと仁斎はするのである。「端」とは、このだれにも具わる「惻隠・羞悪・辞譲・是非の心」を大事に育てることで「仁・義・礼・智」の徳を形成する本《もと》、すなわち「端本」の意だというのである。「いやしくもこれを拡充することを知るときは、すなわちなお火燃え泉達するがごとく、ついに仁義礼智の徳を成す」(「四端の心」章)と、仁斎は人間における道徳の形成をダイナミックに語っていく。

朱子学における本体論的な性理学的概念の解体を通して、仁斎がいかに活物としての人間に即した言語をとりもどし、人倫日用における存在を支える言葉を見出していったか、その学的な苦闘とともにわれわれは具さに『語孟字義』に読むことができる。

本章で私は『語孟字義』の主要な章節の読解を試みるが、まずその冒頭に掲げられている仁斎の「識語」を読んでおきたい。

予嘗て学者に教うるに、語孟の二書を熟読精思し、聖人の意思語脈をよく心目の間に瞭然たらしむるときは、則ちただによく孔孟の意味血脈を識るのみに非ず、またよくその字義を理会して大謬に至らずというを以てす。

【訳】私は従来学習者にこう教えてきた。『論語』『孟子』の二書を熟読精思して、聖人孔子の考え方と言葉使いとを目に焼き付け、心に明らかにするならば、孔子から孟子へと流れる思想的血脈を知ることができるだけではなく、孔孟の用いる概念の意義理解においても大きな誤りを犯すことがないであろう。

仁斎は『論語』主義者である。彼は『論語』を「宇宙第一の書」といい、孔子を「宇宙第一の聖人」と常にいう。だが『論語』とは孔子の言行の記録であって、筋道立てて議論を展開させた著述

ではない。そこから仁斎は『孟子』の存立意義を認めることになる。孟子は孔子の教えを正しく継承し、敷衍して説いた。それゆえ仁斎は、孟子の言葉を介して孔子の教えの真意はいっそう明らかにされるとするのである。『童子問』で仁斎は、「学者孟子を熟読せずんば、必ず論語の義に達すること能わず。けだし論語の津筏《しんばつ》なり」といっている。「語孟（論語・孟子）」による字義の解明がいわれるのはそれゆえである。このことはまた儒家の思想の血脈を仁斎は孔子から孟子への流れとしてとらえたことを意味している。そのことは孔子から荀子そして法家思想へという系譜を仁斎は正統として認めないことをも意味している。ともあれ仁斎はここで儒家概念のもともとの意義、すなわち古義とは何であり、それはいかに明らかにされるかをいっているのである。古義は孔子の考え方と言葉使いによって明かされるのである。だから学習者は『語』『孟』二書を熟読精思して、孔子の考え方と物の言い方とを心と目に焼き付けることである。これが古義を明らかにする学、すなわち古義学である。

それ字義の学問に於ける固《まこと》に小なり。しかれども一つその義を失なうときは、害を為すこと細ならず。ただ当に一々これを語孟に本づけ、よくその意思語脈に合わせて後まさに可なるべし。妄意遷就《せんしゅう》し、以て己れの私見を雑ゆべからず。いわゆる方枘円鑿《ほうぜいえんさく》、轅《ながえ》を北にして越に適《ゆ》くもの、固《まこと》に虚ならず。ゆえに語孟字義一篇を著わして、もってこれを二書古義の後に附す。その詳らかなることは古義の在るあり。今ここに贅せず。

天和三年歳葵亥《きがい》に在り、五月、洛陽伊藤維楨謹んで識《しる》す。

【訳】儒家の用いる言葉の意義を明らかにする「字義」が学問で占める位置はまことに小さい。だが一つの言葉の正しい意義を見失うならば、そのことのもたらす害は決して些細なものではない。われわれが用いる言葉の一つ一つを『語孟』二書に本づけ、孔子の考え方、物の言い方に合するようにしてはじめて、その学は可とされるのである。誤った推理でこじつけたり、私見をまじえたりしてはならない。丸い穴に四角の棒を差し込もうとするような、あるいは車の轅を北に向けて南の越に行こうとするような、間違った方法で目的に向かうものはいつでもいるのである。それゆえいま『語孟字義』の一篇を著して、『論語古義』『孟子古義』の後に附そうとするのである。『語孟』の字義をめぐる詳細は、すでに『論語』『孟子』二書の「古義」にある。ここでは必要以上の言葉は用いない。

天和三年葵亥の歳の五月、伊藤維楨謹んで識す。

■第一講「天道」

天地の間は一元気のみ――「天道」第一条～第八条――

『語孟字義』はまず「天道」の字義解明から始まる。しかしこれは当たり前の順序ではない。かなりすごい始まり方である。というのは孔子は『論語』で「天道」について直接語ることはないからである。「夫子の文章は、得て聞くべきなり。夫子の性と天道とをいうは、得て聞くべからざるなり」(『論語』公冶長)と子貢はいっている。孔子は天道を積極的に、主題として語ることはなかったというのである。たしかに天道について語る言葉は『論語』にはない。だがそのことは天という超越者が、孔子と言う人とその思想において存在しないということではない。君子とは「天命を畏れる」(『論語』季氏)ものだと孔子はいい、また「我を知るものは、それ天か」(憲問)といい、「罪を天に獲れば、禱るところなし」(八佾)ともいうのである。そして天道の往来消長に人生の示唆を読む『易』の思想は、古くから孔子のものだとされ、「子曰く、我に数年を加え、五十にして以て易を学ばば、大過無かるべし」(述而)という言葉も『論語』にはある。だが子貢がいうように孔子が天や天道を主題として語ることはなかったのである。

ひるがえって考えれば、天や天道を主題とするとはどういうことだろうか。それを主題とする議論とはどういう性質のものだろうか。信仰者が神を主題として語ることはない。神を主題とするのは神学であり、天地の創造過程に神の存在を弁証する神学的宇宙論である。天についても同様である。儒家において天が主題化されるのは、儒学が天を究極因（天理）とした宇宙論を形而上学的背景なり原理としてもった哲学（性理学）として展開されるにいたってである。朱子学とは天を中心にし、天を主題化した哲学である。そのとき天は「天理」という性理学の究極的概念として再構成される。仁斎の眼前にあったのは、そしてかつて彼自身もとらわれていたのは、この「天理」を究極的な概念とした「性理学」という形而上学的見方であり、考え方であった。『論語』もまたこの見方にしたがって読まれていたのである。『語孟』の字義解明はなぜ「天道」から始まるのか。その理由はすでに明らかだろう。たしかにこれはすごい始まりなのである。

一陰一陽、往来して已まず

◇「天道」第一条

道は猶路のごとし。人の往来通行する所以なり。故に凡そ物の通行する所以のもの、皆これを名づけて道という。そのこれを天道というものは、一陰一陽、往来已まざるを以て、これを名づけて天道という。易に曰く、「一陰一陽、これを道という」と。その各《おのおの》陰陽の上に一の字を加えるものは、蓋しかの一陰して一陽、一陽して一陰、往来消長、運びて已まざるの意を形

容する所以なり。

【訳】道とはちょうど道路のようであることだ。人がそこを往来通行するゆえである。それゆえおよそ物の通行をもっていわれるものは皆、道と呼ばれるのである。天道というのも、「一たび陰となり一たび陽となる」というように往来して止むことがないゆえに、天道と呼ぶのである。『易』に「一陰一陽、これを道という」(『易』繋辞上)とある。陰陽それぞれの上に一の字を加えるのは、一たび陰となり一たび陽となる、また一たび陽となり一たび陰となるというように、往来消長し、運動して止むことがないあり方を形容するためである。

【評釈】「道は猶路のごとし」という「道」の定義から仁斎は始めている。「道は猶路のごとし」と道路のメタファーで「道」をいうことは、朱子も、陳北渓もするところである。だが同じ道路のメタファーによりながら、何が相違してくるかは「道」の条で考えたい。ともあれ仁斎は「道」とは、道路のように人が往来通行するからだというのである。ここで「天道」を問いながら仁斎は、人の往来通行する道でもって「道」の意義をとらえていることに注目したい。すなわち「道」とはそもそも人間の歩く道だというのである。この人の道によって天の一陰一陽する運動を天の道と名づけたと仁斎はいうのである。性理学的な天人関係はかくて転倒される。

蓋し天地の間、一元気のみ。或いは陰となり、或いは陽となり、両《ふた》つの者、ひたすら両間に盈《えい》

虚《きよ》、消長、往来、感応して、いまだ嘗て止息せず。これ即ちこれ天道の全体、自然の気機、万化これより出で、品彙《ひんい》これより生ず。聖人の天を論ずる所以のものは、ここに至って極まる。知るべし、これより以上、さらに道理無く、さらに去処無きことを。

【訳】思うに、天地の間は一元気だけである。あるいは陰となり、あるいは陽となるというようにこの陰陽二者は、ひたすら天地の間に満ちては欠け、栄えては衰え、往きては来たり、感じては応じるように、いまだかつて止むことがない。これこそがまさに天地の全体であり、自然の気の働きである。万化はこの働きに出で、万物はこの働きに生まれたのである。聖人孔子の天をめぐっていう言葉は、「一陰一陽、これを道という」に極まる。すなわち「一陰一陽」であること以上に天の道理もなく、天の場所もないということである。

【評釈】『史記』に「孔子、晩く（晩年に）易を喜み、彖《たん》、繫、象、説卦《せつか》、文言を序《の》ぶ」（孔子世家）とある。仁斎もこれにしたがい、「一陰一陽、これを道という」（繫辞）を孔子の言葉とみなしている。仁斎はこれを天地は一陰一陽、往来消長して窮まりなきこと、ただそれだけをいうと理解するのである。一陰一陽する運動の上面に何か道理があるわけではなく、また一陰一陽する処を措いて天の場所もないと仁斎はいうのである。天地間には一陰一陽する運動があるだけである。それを仁斎は「天地の間は一元気のみ」というのである。これを天地一元気論という。ただ仁斎の一元気論とは天地間には気の運動があるだけだということであって、根元の気による生成的な宇宙の展開を説いているわけではない。仁斎の天地一元気論は宇宙生成論《コスモゴニー》を構成するようなものではない。

考亭以謂《おも》えらく、「陰陽は道に非ず、陰陽する所以のものこれ道なり」と。陰陽は固《まこと》に道に非ず。一陰一陽、往来已まざるもの、すなわちこれ道。考亭《こうてい》、本《もと》太極を以て極至とし、而して一陰一陽を以て太極の動静と為す。繋辞の旨と相盭《あいもと》ること太甚《はなはだ》しき所以なり。

【訳】朱子はこう考えた。「陰陽は道ではない。陰陽することの根拠であるものが道である」（『孟子集注』告子上）と。たしかに陰陽は道ではない。だが一陰一陽し、往来して止むことがないのが道である。朱子はもともと太極をもって天地の根元としていた。一陰一陽とはこの根元的なものの運動としたのである。これは『易』の繋辞に見る聖人の言葉に反すること甚だしいものである。

【評釈】朱子は一陰一陽する運動の根元に道を見る。この道とは往来運動する道ではない。一陰一陽といった運動体としてある現象世界の根底に、そのような運動をもたらす所以としての理を見て、それを道とするのである。それは宇宙の始源であり、根元である道である。その道は宇宙生成論的には「太極」といわれ、形而上学的宇宙論では「天理」である。この宇宙論的な始源・根元としての「道」は儒家のものではない。老子哲学におけるものである。「道は隠れて名無し。それ唯だ善く貸《ほど》こし、かつ成す」「道は一を生じ、一は二を生じ、二は三を生じ、三は万物を生ず。万物は陰を負うて陽を抱き、冲気、以て和することを為す」（『老子』）。

朱子における宇宙論的な形而上学の構成はこの始源・根元概念に始まる。仁斎は道をあくまで運動・生成概念とし、根元概念としての道を否定する。

◇「天道」第二条

天道に流行有り、対待《たいたい》有り。易に曰く、「一陰一陽、これを道と謂う」と。これ流行を以て言う。「天の道を立つ、曰く陰と陽と」と。これ対待を以て言う。その実は一なり。流行とは、一陰一陽、往来已まざるの謂い、対待とは、天地・日月・山川・水火より、以て昼夜の明闇、寒暑の往来に至るまで、皆対《つい》有らざること無し。これを対待とす。然れども対待は自ずから流行の中に在り、流行の外、また対待有るに非ず。

【訳】天道には流行があり、対待がある。『易』に、「一陰一陽、これを道という」（繫辞）といわれている。これは天道の流行（運行）するあり方をもっていっているのである。また『易』には、「天の道を立つ、陰と陽と」（説卦）ともいわれている。これは天道の対待する（対《つい》をなす）あり方をもっていっているのである。流行とは、天道が一陰一陽というように往来運行して止むことのないことをいう。また対待とは、天地・日月・山川・水火から、昼夜の明暗、寒暑の往来にいたるまで、天道の生成展開はみな対をなしていることをいうのである。しかし対待とは流行する天道のあり方であって、流行の外に対待があるわけではない。

【評釈】天道には流行と対待があるが、対待もまた流行する天道の一側面であるという仁斎の議論は、陰陽論をもって宇宙観・世界観を二元論的に構成することを否定しようとしてである。陰陽は、天地、昼夜、雌雄、男女から、生死、善悪、静動、終始にいたる両極的対立契機に結びついて二元論的宇宙観・世界観を構成していく。陰陽とは、朱子の形而上的宇宙論を構成する二元論的な根本論理だということができる。だが仁斎は陰陽という対をなすあり方を、運動する天道のもつ一側面とするのである。仁斎にあるのは運動一元的な天道世界である。これを「天地の間は一元気のみ」というのである。

◇「天道」第三条

何を以て天地の間は一元気のみと謂うや。これ空言を以て暁かすべからず。請う、譬喩を以て、これを明かさん。いまもし版六片を以て、相合わせて匣《こう》と作《な》し、密に蓋《ふた》を以てその上に加うるときは、則ち自ずから気有ってその内に盈つ。気有って内に盈つるときは、則ち自ずから白醭《はくぼく》を生ず。すでに白醭を生ずるときは、則ちまた自ずから蛀蟫《しゆいん》を生ず。これ自然の理なり。

【訳】どうして「天地の間は一元気のみ」というのか。これは空々しい理屈で明かすべきことではない。譬喩をもって明かしてみたい。いま六片の板を合わせて箱を作るとしよう。蓋《ふた》でその箱を密閉するとき、箱の内部を自ずから気が満たす。気が箱の内に満ちると、そこに自ずから白かびが生じる。すでに白かびが生じれば、自ずからそこに小虫《しみ》が生れる。これは自然の道理である。

【評釈】この譬喩は一見、宇宙の生成論を語っているようである。だが六片の板による匣《はこ》という形ですでに天地はあるのである。したがってこの譬喩で語られるのは天地間における陰陽の気の生々的運動現象である。

蓋し天地は一大匣《こう》なり。陰陽は匣中の気なり。万物は白醭蛀蟫なり。この気や、従《よ》りて生ずるところ無く、従りて来たるところ無く、匣有るときは則ち気有り、匣無きときは則ち気無し。故に知る、天地の間、ただこれこの一元気のみ。見つべし、理有りて後この気を生ずるに非ざることを。いわゆる理とは気中の条理のみ。

【訳】思うに天地とは一つの大きな箱である。陰陽はこの箱の中の気である。万物はこの気によって生じる白かびであり小虫である。この気とは何によって生じたのでもなく、どこから来たのでもない。この箱、すなわち天地があれば、気があり、箱、天地がなければ、気もないのである。それゆえ、天地の間はただこの一元気のみであることが知れるのである。ここにはっきりと見るべきである。理が先ずあって、後に気が生じるのではないということを。いわゆる理とはただ気中の条理をいうのである。

【評釈】天地があれば、そこにはただ気による生々的運動があるだけだという仁斎は、理先気後という朱子の形而上学的原理を批判していく。理とは形而上の原理ではなく、気中の条理だと仁斎はいう。

それ万物は五行に本づく、五行は陰陽に本づく。而して再びかの陰陽たる所以の本を求むるときは、則ち必ずこれを理に帰せざること能わず。これ常識の必ずここに至って意見を生ぜざること能わざる所以にして、而して宋儒の無極太極の論有る所以なり。苟も以前の譬喩を以てこれを見るときは、則ちその理彰然として明らかなること甚だし。大凡、宋儒のいわゆる「理有りて後気有り」及び「未だ天地有らざるの先、畢竟先ずこの理有り」などの説、皆臆度の見にして、蛇を画いて足を添え、頭上に頭を安んず、実に見得るものに非ず。

【訳】万物は五行に本づく、五行は陰陽に本づくといい、そしてさらにその陰陽の本を求めるならば、必ずその本を理に帰せざるをえない。常識として推理がここに及べば、必ず一つの観念を生ぜざるをえないのである。宋儒に無極太極の論があるゆえんである。いやしくも前の一大匣の譬喩によって見れば、無用の推理が陰陽の本を求めさせている道理をはっきりと知ることができる。大体、宋儒がいうところの「理が先にあって、後に気がある」とか「畢竟先ずこの理がある」などの説は、みな臆測に出る観念であって、それはちょうど蛇を画いて足を付け加えたり、頭上にもう一つの頭を安置するようなことで、ありうることではない。

天地は生生して已まず

仁斎は、宇宙論的な始源・根元を前提にした朱子の形而上学的な宇宙観に、運動一元論的な宇宙観を対置した。それを仁斎は、「天地の間は一元気のみ」といったのである。天地間にあるのは、一陰一陽というように対をなして展開される一つの運動体的（一元気的）世界であって、陰陽の二契機からなる二元的な世界ではない。天地を一つの運動体として見る仁斎の宇宙観は、生生一元的宇宙観としても表現される。生とは仁斎にあって死をともなって、生死・終始・静動・善悪などといった対概念を構成する一方の契機ではない。生生とは運動体としての天地の根本的な規定である。天地とは一元気であり、それは生生的だということである。

◇「天道」第四条

易に曰く、「天地の大徳を生と曰う」と。言うこころは、生生して已まざるは天地の道なり。故に天地の道は、生有って死無く、聚有って散無し。死は即ち生の終わり、散は聚の尽くるなり。天地の道、生に一なるが故なり。（林本補足）父祖身没すと雖も、然れどもその精神は、則ち子孫に伝え、子孫はまたこれをその子孫に伝え、生生して絶えず、無窮に至るときは、則ちこれを死せずと謂うて可なり。万物みな然り。あに天地の道、生有って、死無きに非ずや。」故に生くる者は必ず死し、聚まる者は必ず散ずというは、則ち可なり。生有れば必ず死有り、聚有れば必ず散有りというは、則ち不可なり。生と死と対する故なり。

【訳】『易』に、「天地の大徳を生と曰う」（繋辞下）といわれている。それは生生して止むことがないのが天地の道だといっているのである。ゆえに天地の道は、生あって死なく、気が聚結する（生まれる）ことがあっても、気が消散する（死ぬ）ことはないのである。死とは生の終わりであり、散とは聚が終わることである。天地の道が、生生一元であることを意味しているのである。〔（林本補足）父祖は身を没するといえども、その精神は子孫に伝えられ、子孫はさらにそれをその子孫に伝えるというように、生生して絶えることがなく、窮まりないとき、父祖は死せずということができる。それは人間だけではない。万物がそうである。どうして生あって死なしといえないことがあろうか。〕それゆえ生きるものには必ず死ぬことがあり、気を聚めるものには必ずその気の散ずることがあるということはよいが、生あれば死があり、聚ることがあれば散ずることがあるというのは正しくない。それでは生と死とが対をなしてしまっているからである。

＊〔（林本補足）……〕は仁斎晩年の林本（生前最終稿本）における欄外補足文である。

【評釈】この世界を生生一元的世界であることを、言葉をもって説くことは難しい。仁斎は「生あって死なし」ということをどう説こうとしたか。仁斎は「生」をこの天地の根底的な概念として、「死」との二元的な対関係から切り離そうとした。人間の死とは、生に死がとってかわることではない。ある人の生が終わることである。だから生きるものが死ぬ（終わる）というのはよいが、生があれば死があると説くのは間違いだと仁斎はいうのである。これを理解するのは難しい。しかしこれは生生一元的世界を説くぎりぎりの言葉ではないのか。私が生生一元を説こうとしても、これ以上の言葉をもちうるだろうか。だが仁斎が自ら『語孟字義』を講じてきて、恐らくこの箇所にいたって首を傾げる弟子たちに何度も出会ったのであろう。そこから最晩年にいたってあの補足の文章を挿入することになったのだと思われる。これは一種の妥協的な補足文であり、「生あって死無し」の文意を正しく敷衍するよりは、誤って敷衍してしまっているように思われる。父祖から子孫への精神の継承をもって、絶えることのない父祖とその精神の生生的持続をいおうとしているが、しかしこれは誤った理解に導きかねない。「我の精神は即ち祖考の精神」という謝上蔡の言葉は、鬼神論の文脈においては祖先の霊の永続性、祖先（死者）の霊魂と子孫（生者）の霊魂との祭祀における合体を通じての精神の持続を意味するものとして引かれてきた。だから「我の精神は即ち祖考の精神」という言葉は、死者と生者とが両分された世界における死者から生者への精神の持続にかかわるのである（たとえば靖国祭祀における英霊の精神の持続）。これは生前と死後とを二つの世界と見る朱子たちにとっての言葉であって、生生一元をいう仁斎のものではない。したがって私はこの補足文を妥協的な誤ったものだとみなすのである。晩年にいたるまで仁斎の『語孟字義』はこのような補足文をもってはいなかった。

今日の天地は万古の天地

生生一元的な世界観に立つ仁斎は、ではどのような宇宙像をえがくのか。朱子は始源をもつ生成論的宇宙像をえがいていた。それは宇宙の根元であり始源である太極（天理）から発する万物の生成過程を表すものであった。この宇宙的あり方（大宇宙・大天地）を人間的あり方（小宇宙・小天地）は再現する。朱子学においては天地の存在論的、生成論的な構造に従い、それに包摂される形で人間の存在もその生成もあるとされるのである。では仁斎はどのように天地像をえがくのか。

◇「天道」第五条

或るひと以為《おも》えらく、天地既に闢《ひら》くるの後よりこれを観れば、固《まこと》に一元気のみ。もし天地未だ闢けざるの前よりこれを観れば、ただこれ理のみ。故に曰く、「無極にして太極」と。たまたま聖人、未だ一陰一陽往来して已まざるの上面に説き到らざるのみと。こたえて曰く、これ想像の見のみ。それ天地の前、天地の始め、誰れが見て、誰れがこれを伝うるや。もし世に人有りて天地未だ闢かれざるの前に生まれ、寿数百億万歳を得て、目撃親視、これを後人に伝え、互いに相伝誦して以て今に到るときは、則ち誠に真なり。然りしこうして世に天地未だ闢けざるの前に生まるるの人無く、寿数百億万歳を得るの人無きときは、則ち大凡《おおよそ》これを天地開闢の説をいうもの、皆不経の甚だしきなり。

【訳】ある人が問うて、天地がすでに開けた後から見れば、天地はたしかに一元気のみといえるだろうが、天地の開闢前から見れば、むしろ理のみであるはずである。それゆえ、天地の始源を「無極にして太極」といっているのではないか。聖人孔子はたまたま、一陰一陽往来已まざるこの天地の活動以前に説き及んでおられないだけではないのかと。私はそれにこう答えた。一陰一陽の運動の始まる以前をいったりするのは、想像による意見である。天地の前とか天地の始まりを、だれが見て、だれが伝えたのか。もし天地開闢以前に生まれた人があって、よく数百億万歳の寿命をえて、その目撃親視したことを後人に伝え、それが次々に伝誦されて今日にいたるというのであれば、その伝えはまことに真実といえるだろう。しかしながら世に天地開闢前に生まれた人無く、数百億万歳の寿命をえた人の無いときは、およそ天地開闢の説をなすものは、皆まったく無根拠のでたらめである。

いわゆる清きは升《のぼ》りて天と為り、濁れるは降りて地と為る。邵康節の十二万九千六百年を以て一元とし、及び天は子《ね》に開け、地は丑《うし》に闢け、人は寅に生ずる等の説、皆漢儒以来、戦国雑家《ざつか》讖緯《しんい》の諸書、迂怪不経《うかいふけい》の故説を狃《な》れ聞きて、互いに相附会《ふかい》するのみ。これを仏氏のいわゆる無始、老氏のいわゆる無極の前に均しくす。また皆妄誕《もうたん》のみ。

【訳】混沌たる一物から清んだものが昇って天となり、濁ったものが降って地となったという説。また邵康節の十二万九千六百年をもって宇宙の一サイクル（一元）とし、天は子のサイクルに開け、地は丑に闢け、人は寅に生じるといった説などは、みな漢儒以来の学者たちが、戦国時代の雑家の見解や讖緯の諸書における怪奇神秘にわたる不経の故説に聞きなじんで、それらをまぜあわせて作った説にすぎない。それらは仏氏の無始や老氏の無極の説を最初の例として、均しくみな妄誕である。

それ四方上下を宇と曰い、古往今来を宙と曰う。六合《りくごう》の窮まり無きを知るときは、古今の窮まり無きを知る。今日の天地は、即ち万古の天地、万古の天地は、即ち今日の天地、何ぞ終始有らん、何ぞ開闢有らん。この論以て千古の惑いを破るべし。ただ達者とともに道《い》うべく、痴人とともに道うべからず。或るひと謂えらく、既に天地終始開闢有りと謂うべからざるときは、則ち又終始開闢無しとも謂うべからずと。こたえて曰く、然らずと。今日の天地を見れば、万古の天地を知る。物に生死有りて、天地に生死無し。それ物の天地の間に在るや、なお漚《あわ》の大海に在るがごとし。漚に聚散有りて、大海に聚散無し。この理甚だ明らかなり。然れば区々たる見識の窺い測るところに非ざるなり。〔(林本修正文)こたえて曰く、既に天地始終開闢有りと謂うべからざるときは、又始終開闢を謂うべからず。然れどもその窮際《きゆうさい》に於ては、則ち聖人と雖も能くこれを知ることあたわず。況や学者をや。故に存してこれを議せざるを妙とす。〕

【訳】四方上下という空間的拡がりを宇といい、古往近来という時間的連なりを宙という。六合の無窮を知るならば、古今の無窮をも知るだろう。今日の天地は、すなわち万古の天地であり、万古の天地は、すなわち今日の天地である。どうしてこの天地に終始が有ろうか、開闢が有ろうか。私のこの論は、千古の迷妄を破るものである。だがこの天地の論は、達識の者とともに語るべきであり、痴人というべきことではない。或る人が、すでに天地に終始開闢有りというべきではないとするならば、天地に終始開闢無しともいうべきではないのではないか、といった。それに答えていう。それは正しくない。今日の天地を見れば、万古の天地もそうであったと知るのである。物には生死があるが、天地に生死はない。物が天地に在るあり方は、あたかも漚が大海に浮かぶあり方のようである。漚に生滅はあるが、大海に生滅はない。この道理は明らかである。区々たる見識の窺い測ることではない。〔林本修正文〕それに答えていう。すでに天地に始終開闢有りというべきではないとするならば、天地の始終開闢そのものを論ずべきではない。天地の窮極については聖人といえども知ることはできないのだから、区々たる見識しかもたないわれわれの窺うところではない。それは存して議せざるを妙とする。」

夫子の天道を言うは、得て聞くべからず

仁斎はここまで、「一陰一陽、往来して已まざる」天道について語ってきた。それは運動し、活動する天道である。この天道によって仁斎は一元気的な生生的な世界のあり方を論じてきたのである。しかし天道には「天道は善に福いし悪に禍いす」という言葉でいわれる天道、すなわち人間の生に超越的なあり方をもってかかわってくる天道があるのではないか。人が畏怖の念をもって対する天道があるのではないか。それは日本人が「お天道《てんとう》さま」と呼ぶような天道である。この天道について仁斎はどのように考えるのか。

◇「天道」第六条

一陰一陽、往来已まざる、これを天道と謂う。その義甚だ明らかなり。子貢何を以てか得て聞くべからずと謂うや。蓋し一陰一陽、往来已まざるの理に於いては、則ち学者或いは得て聞くべし。「維《こ》れ天の命、於《ああ》、穆《ぼく》として已まざる」の理に至りては、則ち聡明正直、仁熟し智至れる者に非ざるときは、則ちこれを識ること能わず。いわゆる「維れ天の命、於、穆として已まざる」は、即ち書に曰く、「惟《こ》れ天親しむ無し。克《よ》く敬する、惟れ親しむ」、又曰く、「天道は善に福《さいわ》いし、淫に殃《わざわ》いす」、易に曰く、「天道は盈《えい》を虧《か》いて謙《けん》に益《ま》す」の意。孔子曰く、「天、予《わ》れに徳を生ぜり。桓魋《かんたい》それ予《わ》れをいかん」、又曰く、「罪を天に獲れば、禱るところ無し」と、亦これなり。これ子貢のいわゆる得て聞くべからざるもの、蓋しかくのごとし。

【訳】天の一陰一陽、往来して止むことなく運動するあり方を天道という。この天道の意義ははっきりしている。ところが子貢はなぜ「夫子の天道をいう言葉を聞くことはできない（夫子の性と天道を言うは、得て聞くべからず）」（公冶長）というのだろうか。思うに、天道が一陰一陽往来已まざることとの道理を、あるいは夫子に聞くことができるかもしれない。だが、『詩』の「これ天の命、ああ穆として已まず（げにや天の命、ああ穆《ふか》くして已まない）」（周頌・維天之命）における天をめぐる道理にいたっては、聡明正直、仁熟し、智至れる聖人に非ずして知ることはできない。「これ天の命、ああ穆として已まず」は、『書』の「これ天親しむ無し。よく敬する、これ親しむ（天は特別に誰を親しむことはない。よくうやうやしくするものを親しむのだ）」（商書・太甲下）、また「天道は善に福いし、淫に禍いす（天道は正しい者には福を与え、過つ者には禍いを与える）」（商書・湯誥）、そして『易』の「天道は盈てるを欠き、謙に益す」（謙卦・彖伝）における天（天道）と同意である。そして孔子の、「天、予《わ》れに徳を生ぜり。桓魋《かんたい》それ予れをいかん」（述而）、また「罪を天に獲れば、禱るところ無し」（八佾）という言葉における天もまたその意義におけるものである。子貢が聞くことができないという夫子の天とはこのような意義におけるものである。

それ善とは天の道、故に易に曰く、「元とは善の長なり」と。蓋し天地の間、四方上下、渾渾淪淪、充塞通徹、内無く外無く、この善に非ざることなし。故に善なるときは則ち順、悪なるときは則ち逆、苟も不善を以て天地の間に在る者は、なお山草を以て水沢の中に植え、水族を以てこれを山岡の上に留むるがごとく、一日もその性を遂ぐるを得るを能わざること必せり。それ人、一日も不善を以て天地の間に立つこと有るを能わざるも、亦かくのごとし。

【訳】善とは天の道をいうのである。だから『易』に、「元とは善の長なり」（乾・文言）といわれている。思うに天地の間、四方上下いたるところ、内となく外となく、溢れ出るようにして満たしているものは善である。それゆえ善であるとは天地のあり方に順であることであり、悪とはそれに逆らったあり方である。不善にして天地の間にあるのは、たとえば山草を水沢の中に植え、水中の生物を山上に留めることと同様で、一日もその種としての生存を遂げえないことは決まっている。人もまた同様に、その不善をもって天地の間に一日も立つことができないのである。

【評釈】生生一元的な天道をのべてきた仁斎は、理念的な天（天道）の記述に向かっている。生生的な天地の間にいる自分を、その天地との関係の中で問うているのである。普通この問いは、自分の存立根拠を天地との関係において問う存在論的な問いとなる。それは朱子における性理学的な問いである。天地と自己との存在論的な問いのあり方を否定する仁斎は、どのように天地に対するのか。生生的な天は、いま仁斎が対する天、仰ぎ見る天として、理念的天の姿でのべられていく。次ぎの第七条（本書八〇頁、「天命」第一条の補足）で仁斎は天に流行と主宰の二面があることをいうが、いま仁斎は生生的天を主宰性（理念性）において記述しようとしているのである。この天の理念性の記述は、信仰的信条の記述に類似する。しかしそれを主観的な感慨の表出にすぎないとして否定するつもりは、私にはない。自分の生存の根拠を基礎づけてきた朱子の性理学的言語体系を拒絶したとき、仁斎はどのように自分の生き方を理念づけようとするのか、それをどのような言葉で表そうとするのか。私たちがいま読んでいるのは、そのような仁斎における苦闘である。仁斎のすごさは、この問題に直面して少しもごまかそうとしないことである。彼は真っ直ぐ生生的天に対している。

故に善の至り、往くとして善ならずということ無く、悪の極み、亦往くとして悪ならずということ無し。善の又善、天下の善これに聚まる。その福は量るべからず。悪の又悪、天下の悪これに帰す。その禍いは測るべからず。天道の畏るべく、慎しむべきことかくの如し。而して、いわゆる善とは形状のいうべけんや。孔子曰く、「人の生くるや、直なればなり。これを罔《な》みして生くるは、幸いにして免るるなり」と。善とは他に非ず、即ち直のみ。蓋し直なるときは、則ち善、直ならざるときは、則ち曲。二有るに非ざるなり。

【訳】それゆえ善の至りは、往くとして善ならずということなく、悪の極みは、また往くとして悪ならずということはない。善のまた善というべく、天下の善はここに集まり、その福は測ることはできない。悪のまた悪というべく、その禍いもまた測ることができない。天道はまことに畏るべく、慎むべきものであるのは、このようである。しかも善とは、かくのごときものとその形状をいうことができようか。孔子は、「人がこの世で生きうるのは、直であるからだ。枉げて生きているのは、幸にお目こぼしに預かっているのである」（雍也）といっている。善とは、ただ直に他ならない。思うに、直であれば、すなわち善であり、正しいのである。直でないとは、曲がること、すなわち不正である。この世には一つの直道があるだけである。

【評釈】これは仁斎の理念的表出というべき言葉であり、これを意訳する形で訳することはできない。私はここでほとんど直訳的にいいかえただけである。

宋儒謂えらく、「天は専言すれば、則ちこれを理と謂う」と。又曰く、「天は即ち理なり」と。その説、虚無に落ちて、聖人の天道を論ずるの本旨に非ず。蓋し有心を以て天を見るときは、

則ち災異に流る。漢儒災異の学、これなり。無心を以て天を見れば、則ち虚無に陥る。宋儒の天は即ち理なりの説のごとき、これなり。学者、苟も恐懼修省、直道を以て自ら尽くし、一毫の邪曲有ることなくして、後自ずからこれを識るべし。言語をして喩すべきに非ず。

【訳】宋儒はいっている。「天は全体としていえば、理である」と。また、「天は即ち理である」ともいう。この宋儒の説は、虚無に流れ、聖人が天道を論じている本旨に反するものとなってしまっている。他方、天を有心と見ると、世の災異を天に帰することになる。漢儒の災異の学がそれである。天を無心と見れば、それは虚無に陥る。宋儒の天は即ち理なりの説がそれである。学者たるもの、恐懼修省し、ただ直道をもって努め、いささかの邪曲をもつことなくして、はじめて聖人の天道をいう本旨をしることができるのである。言葉をもってそれを教えることはできない。

【評釈】子貢が「夫子の天道をいう言葉を聞くことはできない」という言葉から始まった仁斎の「天道」第六条は、言葉をもっては喩《さと》しえない天道の本旨をあえて言葉にしてきたのである。

■第二講「天命」

天の主宰性と天命観――「天命」第一条〜第五条――

『中庸』の第一章は「天命之謂性（天の命ずる、これを性と謂う）」の言葉をもって始まる。この冒頭の一句を朱子はこう注釈する。「命は猶令のごときなり。性は即ち理なり。天は陰陽五行を以て万物を化生す。気は以て形を成し、理もまたこれに賦す。猶命令のごときなり。ここにおいて人と物との生、おのおのその賦する所の理を得るに因って、以て健順五常の徳を為す。いわゆる性なり」（『中庸章句』）。朱子において性とはこうしたコスモロジカルな言語をもって語られるものとしてある。天は人が生まれるや、命令のごとくに理を人に賦与する。それが性である。天理を分有し、天との同一性としてある人の性を天命の性といい、また本然の性ともいう。このように敷衍していくと、朱子のコスモロジカルな言語とは、同時に性理学的言語を構成するものであることがよく分かる。天は人が生じるや、それに命令のごとくに理を賦与していくという宇宙生成論的な記述が、同時に天命の性という性理学的概念を構成していくのである。天道的な天は同時に天命的な天でもあるのである。そして孔子が「五十にして天命を知る」という場合の天もまた同じ天であるのだ。朱子はこの「五十而知天命」の注釈で、「天命は、即ち天道の流行して、物に賦するもの、乃ち事物の当に然るべき所以の故なり」(『論語集注』)といっている。仁斎の前にあるのはこうした「天」と「天命」概念である。それは宇宙論的で、同時に性理学的な言語が常にそこから導き出されてくるような究極的概念である。

仁斎の解体作業は、「天命」の古義の解読から始まる。

なお「天命」章を構成する条列のあり方には林本と刊本との間に大きな相違がある。ここでは林本の構成にしたがっている。そこに仁斎の発想の原型があるとみなしてである。

天の主宰性

◇「天命」第一条(刊本・第三条)

孔氏疏に曰く、「命は猶令のごとし」と。令とは即ち使令・教令の意。けだし吉凶禍福、貧富夭寿、皆天の命ずるところにして、人力の能く及ぶところに非ず。故にこれを命と謂う。何をか天の命ずるところと謂う。その人力の致すところに非ずして自ずから至るを以て、故に総てこれを天に帰す。而してまたこれを命と謂う。蓋し天道至誠、一毫の偽妄も容れざるを以てなり。

【訳】孔穎達《くえいだつ》の注疏に、「命とは令のごとし」とある。令とは使令とか教令の意である。思うに人間における吉凶禍福、貧富夭寿は、みな天よりする命としてあるのであって、人力が左右しうるところのものではない。だからこれを命というのである。どうして天の命というのか。人の働きによることとなくして自然にこの帰結がもたらされることを、その自然に至るすべてを天に帰し、さらにそれを命とするのである。このようにすべてを天に帰し、また命というのは、天道至誠にして、一毫もそこに偽妄を容れないからである。

【注】「命とは令のごとし」とは、さきに見たように朱子『中庸章句』の注中にあるものであり、それを仁斎は「孔氏疏に曰く」として引いている。それは朱子におけるような性理学的文脈ではなく、使命・教令の意を強調するためか。

【評釈】「天道」章第七条（次頁◆補参照）で仁斎は、天道に流行と主宰の両面があることをいっていた。しかしそこに見るように仁斎は、「流行はなお人の動作威儀あるがごとく、主宰はなお人の心思智慮あるがごとし。その実は一理なり。然れども天道の天道たる所以を論ずるときは、則ち専ら主宰を以て言う」（天道・第七条）といい、主宰的な天にプライオリティを認めるのである。天道の流行と主宰とは、朱子学的思弁世界に移し替えれば、宇宙生成論的世界を構成する天道観と性理学的存在論的世界を構成する天命観との二つだといえるだろう。だがこの二つはすでに本章冒頭の「天命之謂性」の朱子注をめぐってのべたように、「天」に本づく宇宙生成論的な天道観が同時に性理学的な天命観をも構成していくのであり、流行（天道）と主宰（天命）とが一理だというのは朱子学においてである。仁斎はこの両者が一理であるような朱子学的な天観の解体をこそ志向するのである。

朱子学的な天観の解体を通じて仁斎学に現出してくるのは、流行的天道と主宰的天道との分裂であるだろう。流行的天道は一元気的生生的世界として記述されていった。他方主宰的天道は、人間世界のレベルを超えた超越的な主宰者たる天、あるいは人間世界を照鑑する天という性格をもって天命観を構成していくのである。

『語孟字義』の「天道」章と「天命」章とはそのように、朱子学的天観の解体を通じて第一章、第二章として記述されてきたのであろう。そう見れば、「天道」章の第七条は、「天命」章への移行の導入としてあることが分かる。そしてその第七条を受けて、直ちに「天命」第一条（林本）は主宰的天命観をのべていくのである。仁斎の思考の流れからすれば林本の原型が自然である。刊本は「天命」章という主題に合わせて組み替えられたものであろう。前講「天道」章で省いた同章第七条を、「天命」第一条を補う形でここに挙げておく。

◆補「天道」第七条

或るひと曰く、一陰一陽往来已まざるの理は、或いは得て知るべし。「維れ天の命、ああ穆《ぼく》として已まざる」の理に至っては、則ち得て聞くべからず。一の天道にしてこの二端あるは、何ぞや。こたえて曰く、二端あるに非ず。一陰一陽往来已まざるものは流行を以て言う。「維れ天の命穆として已まざる」ものは主宰を以て言う。流行はなお人の動作威儀あるがごとく、主宰はなお人の心思智慮あるがごとし。その実は一理なり。然れども天道の天道たる所以を論ずるときは、則ち専ら主宰を以て言う。書経・易彖《えきたん》・孔子のいわゆる天道とはこれなり。故に中庸「維天之命」の詩を引き、これを釈して曰く、「けだし天の天たる所以を曰う」と。見つべし、二端あるがごとしと雖も、天道の天道たる所以を論ずるに至りては、則ち専ら主宰に在り。それ易の道たる、陽を善とし、淑とし、君子とし、陰を悪とし、慝《とく》とし、小人とす。君子、陰陽消長の変を観て、以て進退存亡の理を審《つまび》らかにするときは、則ち天心に合うことを得。もし否らざるときは、則ち天心に逆らうことを免れず。即ち天の主宰たる所以のものは、また従って知るべし。故に二端あるがごとしと雖も、実は一理なり。

【訳】ある人が問うに、一陰一陽して止むことがない天道の道理については理解することができる。だが『中庸』が引く「これ天の命ああ穆として已まず（げにや天の命穆《ふか》くして已まない）」の天の道理については、その理解を聞くことができない。一の天道で、その道理を聞きうる天道と、聞きえない天道との二面があるのはどうしてか。私はそれに答えていう。天に二面があるのではない。一陰一陽往来已まずとは、天道の流行をもっていうのであり、「これ天の命、ああ穆として已まず」は主宰をもっていうのである。流行とは、人に動作振る舞いがあるようなものであり、主宰とは、人に心思知慮があるようなものである。流行と主宰の別がいわれても、天道の実は一つである。しかしながら天道が天道であるゆえんをいうときは、もっぱら主宰をもっていうのである。『書経』や『易』の彖辞、『論語』の孔子の言葉に見る天道とは、この主宰の意におけるものである。だから『中庸』で「維天之命」の詩を引いて、「けだし天の天たる所以をいうなり」と解釈の言を付している通りである。見るべきである。天道に二面あるかのようでありながら、天道の天道たるゆえんを論じる場合は、もっぱらその主宰性においていうことを。思えば易の道というのは、陽を善とし、淑（美）とし、また君子の徳とし、陰を悪とし、慝（醜）とし、小人の気象とする。君子は易により陰陽消長の変化を見て、一身一家における進退存亡の道理を明らかにし、天心に合うことをうるのである。そうでなければ、天心に逆らわざるをえない。天とは主宰性においてあることを、これに従って知るべきである。天道に流行と主宰の二つの道理があるとはいえ、その実は一つの道理である。

【評釈】天道の天道たるゆえんを仁斎はこのように主宰性においてとらえる。この主宰的天が彼の天命観を構成していく。ところで「天命」章の第一条の末尾で「天道至誠、一毫の偽妄も容れず」といっていた。仁斎はこの言葉を天の主宰性にかかわっていっている。ところで「真実無妄」とは朱子が天道の誠（「誠は天の道なり」『中庸』）を定義していう言葉である。一毫の妄もない天道の真実なあり方は、「天道の流行し、古えより今に及ぶまで、一毫の妄無し。暑往けば則ち寒来たり、日往けば則ち月来る、云々」（『北渓字義』誠）というように天道の流行するあり方をいうものである。しかし仁斎は「天道至誠」をもっぱら天の主宰性においていっている。この点については「誠」章であらためて触れる。

人間にとって天命とは

◇「天命」第二条（刊本・第一条）

孟子曰く、「これを為《す》ることなくして為るものは天なり。これを致すことなくして至るものは命なり」と。これ天命二字の正訓なり。学者当に孟子の語を以て準として、凡そ経書の説く所の天命二字の義を理会すべし。自ずから聖人の指《むね》を失するの遠きに至らず。けだし天とは専ら自然に出でて、人力の能く為る所に非ざるなり。命とは人力に出ずるに似て、実は人力の能く及ぶ所に非ざるなり。

【訳】孟子は、「人がすることなくして自然にそうなるのは、天がするのである。人が招こうとすることなくして、向こうから自然に来るものは命である」（万章上）といっている。これが天命の二字の正しい解釈である。学習者はまさしくこの孟子の言葉を基準にして、経書でいわれる天命二字を理解すべきである。これにしたがえば聖人の本旨から遠くはずれることはない。思うに天とは、もっぱら自然に出て、人力のよくなしうるものではないことをいうのである。命とは、人為に出るに似て、とても人為とはいえない帰結についていうのである。

【評釈】ここで仁斎は天命の意義の理解を孟子によってしている。『論語』における孔子の言葉を『孟子』によって理解し、その意味を敷衍していくというのが仁斎『語孟字義』の方法であるが、天命の字義について仁斎はまさしく孟子によって解明する。それが正しい解釈のあり方だという。ここには古学という古義あるいは原義解明を主張する学的立場がそもそもたざるをえない一種の背理がある。『論語』を原典としてテキストの原初性をいうとき、この原初のテキストそれ自体によって『論語』は理解できるのか、という問題が出てくる。『古事記』を原典として正しくよんだという宣長の『古事記伝』をめぐって、『古事記』はよめるのか、という問題を提起したのは国語学者の亀井孝である。宣長が『古事記』をよむとは、古代の日本語で読解することを意味した。『古事記』はそのようによむことはできるのか、と亀井は問うたのである。それにならって私は『論語』は原典としてのテキストそれ自体にしたがって読むことができるのか、と問題を出しているのである。ここで『論語』を読むというのは、『論語』における孔子の言葉がもつ意味をテキストから読解することである。仁斎は『論語』の原典性を重視しながら、そこにおける孔子の言葉の十全な意味の理解はできないというのである。仁斎はその理由として『論語』にあるのは、孔子の実践的行為（修為）のレベルの言語だからだといっている。したがって孔子のその修為の教えがもつ思想的意味の展開は、孔子の思想的血脈を継ぐ孟子によってなされると仁斎はするのである。かくて仁斎は、孔子が「天命を知る」ということの正しい意味を、孟子によってえようとするのである。ここには原典的テキストの理解をめぐる本質的な問題が提示されている。

この孟子の天命二字をめぐる言及は『孟子』万章上（一二八章）にある。

（堯の子）丹朱は不肖にして、舜の子もまた不肖なり。また舜が堯を相けたると、禹が舜を相《たす》けたるとは、年を歴《ふ》ること多く、沢を民に施すこと久し。しかるに〔禹の子〕啓は賢く、能く敬しんで禹の道を承け継ぐ。また益の禹を相けること、年を歴ること少なく、沢を民に施すこと久しからず。舜と禹と益との、これを相けることの久しきと速きと、その子の賢と不肖とは、みな天なり。人の能く為るところに非ず。これを為ることなくして、為るものは天なり。これを致すことなくして、至るものは命なり。　〔金谷治『孟子』による〕

〔林本補修文〕天は猶君主のごとく、命は猶命令のごとし。天は、命の由りて出ずる所、命は、天の出だす所、故に命は天に比すればやや軽ろし。〕故に孟子、舜の堯を相《たす》け、禹の舜を相け、年を歴ること多く、沢を民に施すこと久遠、および堯舜の子皆不肖なるを以て、推してこれを天に帰す。その専ら自然に出でて、人力の能く為る所に非ざるを以てなり。

【訳】〔林本補修文〕天はちょうど君主のごとくであり、命はその命令のごとくである。天とはそこから命が出てくるところであり、命とは天が出すものである。それゆえ命は、それが発せられる天に比すればやや軽い。〕それゆえ孟子は、舜が相として堯を助け、また禹が舜を助けた時代は長く、その民に施された恩沢は久遠であるにもかかわらず、堯舜の子が不肖であることをもって、この不釣り合いな帰結の理由を天に帰したのである。それは天によって自ずからにもたらされたという以外、人力をもってしてはいかんともしがたい事態であるからである。

夫子、伯牛の疾を以て命と為す。けだし人の死するや、多くは皆己れの自ら致す所、ただ伯牛の疾のごときは、その疾を謹しむこと能わずしてもってこれを致すこと有り。故に曰く、人力に出ずるに似て、実に人力の能く及ぶ所に非ずと。これ孟子の成説、当に謹んでこれを守り、また後世紛々の説を用うべからざるべし。

【訳】孔子は、伯牛の重い病をもって命とした（「命なるかな、この人にしてこの疾あること」雍也）。思うに人が病で死ぬのは、その多くは自分の不摂生の結果であり、自らもたらした結果である。ただ伯牛の病は、自ら慎む日頃のあり方にもかかわらずもたらされたものである。だからそれを命といったのである。すなわち、人為に出るようでありながら、実は人力ではいかんともしがたい結果であり、それゆえそれを命というのだと。これが孟子の天命の成説である。決して後世の紛らわしい説を用うべきではない。

◇「天命」第三条（刊本では第四条）

凡そ聖人の所謂命というものは、皆吉凶禍福・死生存亡相形する上に就いて言を立つ。けだし或いは吉或いは凶、或いは禍或いは福、或いは死或いは生、或いは存或いは亡、その遇《あ》う所の幸不幸、皆自然にして至り、これを奈何《いかん》ともする無し。故にこれを命と謂う。すでにこれを命と謂うときは、則ちこれを順受すべからざるの意あり。またすでに定まりて逃がるべからざるの意あり。故に曰く、「天命を畏る」と。また曰く、「天命を慎む」と。もし一毫も自ら尽くさざる所あるときは、則ち人為のみ。これを命と謂うべからず。

【訳】そもそも聖人孔子が命というのは、みな吉凶禍福、死生存亡というように、吉に対して凶という相対する形で人生上の帰結があることについていうことである。思うにあるいは吉あるいは凶、あるいは禍あるいは福、あるいは死あるいは生、あるいは存あるいは亡というように、人の遭遇する幸不幸は、みな自ずから来たるのであって、人力によってはこれをどうすることもできない。これを天命というときは、そこには人はこれを順受せねばならないという意が含まれている。また天命には、すでに定まって逃れえないという意もこめられている。それゆえ聖人も、「天命を畏る」（『論語』季氏）といい、また「天命を慎む」ともいうのである。だがもしいささかでも己れの力を尽くさない場合には、事態の結果は自分がもたらすものであって、それを命ということはできない。

【評釈】天命という概念はここで、人間が己れの人生上で出会う究極的な事態に対する態度と相関的に構成されるものであることを明らかにしている。人が己れの運命に、人為人力をこえた何かを感じるとき、そのとき人は天に直面するのである。孔子の、愛する弟子伯牛になぜこの不治の病いがあるのかという嘆きが、「命なるかな」という言葉として表されるのである。だが不摂生な人間が病気になったとしても、それは天命でも何でもない。天命とは、人事を尽くした人間だけが、その結果に対してとりうる態度と相関的な理念である。だから人事を尽くしたもののみが「天命を知る」のである。仁斎の天命観は、「人事を尽くして天命を待つ」という人生態度とともに成立するといえる。

朱子天観の語学的解体

◇「天命」第四条（刊本・第二条）

経書連ね用うる所の天命の二字は、天と命とを以て並び言うものあり、天の命ずる所を以て言うものあり。その天と命とを以て並び言うの命は、即ち性命の命、意重し。いわゆる「五十にして天命を知る」、及び「死生命あり」、孟子の曰う、「これを致すことなくして至るは命なり」の類のごとき、これなり。その天の命ずる所を以て言うものは、即ち与の字の意、なお孟子の所謂「これ天の我に予《あた》うる所のもの」の予の意、軽し。中庸のいわゆる「天の命ずるこれを性と謂う」はこれなり。なお「天の与うるこれを性と謂う」と曰うがごとし。もしこの命の字を以て性命の命と作して看るときは、則ち意義通ぜず。

【訳】経書に天命の二字を連ねていう場合に二通りがある。一つは天命というように二字をもって並言する場合で、もう一つは天の命ずるという場合である。前者の天命と並言する場合の命は、天のもたらす性命の命であって、その意味は重い。「五十にして天命を知る」（『論語』為政）、「死生命あり」（顔淵）、また孟子の「これを致すことなくして至るは命なり」の命は、性命の命であり、命字の意味は重い。後者の天の命ずるという場合の命とは与えるという意味であり、孟子が

「これ天の我に予うるもの」という予の字の意であり、その命字の意味は軽い。『中庸』で「天の命ずる、これを性という」における命がこれである。それは「天の与うる、これを性という」というのと同意である。もしこの命字を性命の命としてこの文章を見れば、意味は通じない。

けだし文字は本《もと》実字あり、虚字あり。性命の命はこれ実字、天の命ずる所の命はこれ虚字。先儒謬りて虚字を以て実字と作して看る。故に理の命、気の命の別あり。また天に在りては命とし、人に在りては性とすの説あり。皆、中庸の命の字は本虚字、実字に非ざるを知らざるが故なり。それ一命にして二義を立つ、甚だ謂われなし。況や虚字を以て実字と為す、その誤れるや大なり。いわゆる「その説を求めて得ず、従いてこれが辞を為す」なり。

【訳】思うに文字にはもともと実字（体言）と虚字（用言）の別がある。性命の命は実字であり、天の命ずるところの命は虚字である。ところが朱子たちは誤って虚字を実字として見ている。そこから理の命・気の命という命の二別をいったり、天にあっては命といい、人にあっては性というといった説をいったりするのである。みな『中庸』の「天の命ずる。これを性という」の命が虚字であることを知らないゆえの誤りである。そこで一つの命にして、理命・義命の二義があるといった、まったく根拠のないことをいったりする。まして虚字の命を実字として解するのは、誤りの大なるものというべきだろう。それは、「説を立てて誤りながら、その誤りに従っていいわけをする」ようなものである。

【評釈】命字に実字（体言）と虚字（用言）の別をいい、「知天命」の命は実字であり、「天命之謂性」の命は虚字だという仁斎の議論は、ただ命字をめぐる語学的な議論のように見える。だがこの命字の二別をいう仁斎の議論は、天道も天命も天理も渾一させる朱子の天観（宇宙論）の解体を通じて、天命的な天の定立を導こうとする語学的戦略でもある。朱子は『中庸』の「天命之謂性」の解釈でまさしく彼の天観（宇宙論）を展開していた。だが仁斎はこの『中庸』の命とは虚字だというのである。「天命之謂性」をめぐる宇宙論的な意味的実体をもった思弁的言説の展開を、仁斎は語学的に否定してしまうのである。

◇「天命」第五条

晦庵太極図解に云う、「太極の動静あるは、これ天命の流行なり」と。けだし周頌の「維天之命」の詩に依りてこれを言う。程子また曰う、「天道已まず。文王天道に純にして已まず」と。皆、一陰一陽往来已まざるものを指して言う。尤も非なり。所謂命とは、乃ち上天、人の善悪淑慝を監臨し、これが吉凶禍福を降すを謂う。詩に曰く、「維れ天の命、ああ穆として已まず」。その意けだし謂えらく、天、文王に命じて、この大邦に王たらしめ、延《ひ》いて子孫に及び、永く篤くこれを保つべしと。故にその下これに継いで曰く、「ああ顕かならずや、文王の徳の純なる、仮《なに》を以てか我を溢《めぐ》まん。我それこれを収《う》けて、駿《おお》いに我が文王に恵《したが》わん。曾孫これを篤くせよ」と。見るべし、詩の意総て、「保佑《ほうゆう》してこれに命じ、天よりこれを申《かさ》ぬ」の意を言いて、本陰陽流行の意無きこと、甚だ分暁なり。

【訳】朱子が『太極図解』で「太極の動静があるのは、天命の流行である」といっているが、これは思うに『詩経』周頌の「維天の命」の詩によっているのである。程子もまたそれによって、「天道は已むことがない。文王も天道に純にしてその徳は已むことがない」といっている。みな「維れ天の命、ああ穆として已まず」を、一陰一陽往来已まざる天道の流行においてとらえている。はなはだしい誤りである。いわゆる命とは、上なる天が人の善行悪行をしっかり見通して、これに吉凶禍福を降すことをいうのである。『詩』における「維れ天の命、ああ穆として已まず」とは、天が文王に命じて、この大邦周の王たらしめて、永く子孫にいたるまで周の王としてこの邦を篤く保つべきことをいったのである。それゆえ「維天の命」はそれを継いで、「ああ顕かなるかな、文王の徳の純なる。何をもって我を恤《めぐ》みたもう。我それこれを受けて、怠らず文王の道に順わん。曾孫これを篤うせよ」（目加田誠訳）と。詩の意はまったく、「天は重ねて、これを保佑《たす》けんことを命ぜん」（生民の什・仮楽）というのであって、もともと陰陽流行の意でないことは、まったく明かではないか。

天に直面する仁斎

「命」字に実字と虚字があるという仁斎は、その語学的な指摘によって朱子における流行的天と主宰的天との同一化を批判する。「天命之謂性（天の命ずる、これを性と謂う）」という『中庸』のテーゼによって朱子は天道の流行による万物化生の過程をいい、同時にそれは天理の万物の性における必然的な分有の過程であることをいうのである。この朱子の解釈的な言説にあって、天は天理として宇宙生成論的な体系のなかに内在していく。天は宇宙生成（流行）論的言語をもって語られていくとともに、その天は天理としてその体系に内在し、天命の性をめぐる性理学的言語をも可能にしていくのである。天は決してこの宇宙論的体系の外に、それを語る言語体系の外に、語りえない超越性をもって存在するわけではない。天が理として宇宙論的言語体系に内在していくところでは、人は天に直面することもないし、仰ぎ見ることもない。仁斎は天に直面するのである。人生の上に天命としてある帰結をもたらす天に仁斎は直面するのである。孔子もまた天に直面していた。「罪を天に得れば禱るところ無し」（八佾）といい、「噫、天予れを喪ぼせり」（顔淵）と嘆き、「我を知るものは其れ天か」（憲問）という孔子はあきらかに天を仰ぎ見ていた。仁斎はこの孔子の天を再発見しているのである。この再発見は、朱子の宇宙論的な言語のなかにある天を、そこから引き離すことによってである。『語孟字義』の「天命」章で仁斎がしているのは、この天の朱子学的言語体系からの引き離し作業である。

ここで確認しておきたいのは、仁斎の倫理思想とは仰ぎ見る天をもった思想だということである。仁斎の思想も言語も、天への究極的な信に立ったものだということである。彼は決してこれを直接に語ることはない。『論語』から孔子の立場を読み出すことを通してしか仁斎は語らない。

■第三講「道」

道とはもともと人の道である――「道」第一条～第五条――

仁斎はいま道を人道（人の道）として確立しようとする。これは当たり前のことをいっているようである。だがそうだろうか。人の道の前に天の道があるのではないか。『中庸』に「誠者天之道也。誠之者人之道也（誠は天の道なり。之を誠にするは人の道なり）」とある。天道の流行にいささかの乱れがないように自ずからに真実無妄であるのが天のあり方であり、ここに天理の本然（天理は本より然る、本より真実である）を見るのは朱子である。人にあっては誠は自ら誠にするという当為としてある。それが人のあり方である。朱子は天理の本然に対して人事の当然（人は当に然るべく、真実であるべくしなければならない）という。こうした朱子のとらえ方では天道は人道の規範的な前提としてあることになる。朱子学では人道が道であることの究極的な根拠は天道にあるのである。天道が人道の前にあり、天道こそが本だという考え方がむしろ一般的であったのである。これに対して仁斎はいま「道とはもともと人の道である」といおうとするのである。

人の往来するゆえん

◇「道」第一条

道はなお路のごとし。人の往来するゆえんなり。故に陰陽交《こも》ごも運《めぐ》るこれを天道という。剛柔相須《もち》いるこれを地道という。仁義相行わるこれを人道という。みな往来の義に取る。また曰く、道はなお途のごとしと。これに由るときは、則ち行くことをえ、これに由らざるときは、則ち行くことをえず。いわゆる「何ぞこの道に由ることなきや」、及び「道とは須臾《しゆゆ》も離るべかず」、これなり。蓋しこれに由るときは行くことを得るの義に取る。ただそのもって往来するに足るをもって、故にこれに由りて行かざるをえず。二義有りと雖も、実は一理なり。

【訳】道はちょうど路のようである。道が道であるのは、人がそこを往来するからである。それゆえ陰と陽とが交互に運《めぐ》るゆえに天道といい、柔と剛とが相互に用をなすゆえ地道といい、仁と義とが相行われるゆえ人道というのである。それぞれが道であるのは、道とは往来するところという義によってである。また道はちょうど途《みちすじ》のようであるといわれる。道が途であるとは、それに由ることで行くことができ、由らなければ行くことをえないからである。それは『論語』で「どうしてこの道に由らないことができようか」（雍也）といい、『中庸』で「道は須臾《しばらく》も離れることはできない」という場合の道である。これらは、この道に由るときは行くことができるの意味によっているのである。ただこの場合も、そこを十分に往来しうるゆえに行くことができるのであって、道に往来する路と由るべき途との二義があるようで、実は一理、すなわち人びとの往来するところが道だということである。

【評釈】「道はなお路のごとし」とは、朱子もまたとる道の規定の仕方である。だが朱子にあってその規定は、人が踏み外してはならない道という強い規範性をもっていわれる。だから朱子は、「道とは日常事物当に行うべきの理、皆な性の徳にして心に具わり、物として有らざるなく、時として然らざるなし。須臾も離るべからざる所以なり」というのである。それに対して仁斎が「道はなお路のごとし」というとき、人びとが道路を通行し、往来するそのことによって道の概念があることがいわれるのである。

また人の行うところを以て言うもの有り。「堯舜の道」、及び「三子者は道を同じうせず」などのごとき、これなり。また方法をもって言うもの有り。「大学の道」、および「今の世に生まれて、古の道に反《かえ》る」がごとき、これなり。然れどもみな通行の義に因りて、これを仮借す。故に天道・地道・人道、及び異端小道、百芸の末、みな道を以てこれを言うことあり。

【訳】また道を行うことでいう場合がある。それは「堯舜の道」といったり、『孟子』で「伯夷・伊尹・柳下恵の三子は道を同じくしなかった」（告子下）といったりする場合である。また方法（やり方）をもって道をいう場合がある。それは「大学の道（大学の学び方）」や『中庸』の「今の世に生まれて、古えの道（やり方）にもどろうとする」というような場合である。しかしこれらもみな道の字を往来通行するところという意味によって転用しているのである。それゆえ天道・地道・人道から、さまざまな異端の小道、百芸の末にいたるまで、みな道をもっていわれるのである。

北渓の曰く、「易に説く、「一陰一陽、これを道と謂う」と。孔子、この処、これ造化根原上に就いて論ず。大凡聖賢、人のために道を説くに、多くはこれ人事の上に就いて説く。惟《ただ》この一句は、すなわちこれ易を賛する時、来歴根源を説く」。愚謂えらく、然らず。天人一道と謂うときは、則ち可なり。道字の来歴根原とするときは、則ち不可なり。易の語、これ天道を説く。「性に率う、これを道と謂う」、「道に志す」、「与に道を適《ゆ》く」、「道は邇《ちか》きに在り」などの類いの如きは、これ人道を説く。説卦明らかに説く、「天の道を立つ、陰と陽と。地の道を立つ、柔と剛と。人の道を立つ、仁と義と」。混じてこれを一にすべからず。その陰陽を以て人の道にすべからざるは、なお仁義を以て天の道にすべからざるがごとし。もしこの道字を以て、来歴根源とするときは、則ちこれ陰陽を以て人の道と為すなり。〈(林本補足)凡そ聖人のいわゆる道とは、みな人道を以てこれを言う。天道に至っては、夫子の罕《まれ》に言うところにして、子貢の得て聞くべからずとするゆえんなり。〉その不可なること必せり。

【訳】陳北渓がいっている。「易では、「一陰一陽、これを道という」と説かれている。孔子はここでは道を造化の根源上で説いているのである。大よそ聖賢が人のために道を説くにあたっては、多くは人事上での道をいうのである。ただ易のこの一句は、易を称えるに当たって、道字の来歴根源をいっているのである」と。この北渓のとらえ方は間違っていると私は考える。「一陰一陽、これを道という」によって、天人一道をいうのはよいが、これを道字の来歴根源をいうとするのは間違いである。『易』のこの言葉は天道をいっているのである。「性に率う、これを道と謂う」（『中庸』）、「道に志す」（『論語』述而）、「与に道を適く」（『論語』子罕）、「道は邇《ちか》きに在り」（『孟子』離婁）などの類いは人道をいっているのである。『易』の説卦伝でははっきりと、「天の道を立つ、陰と陽と。地の道を立つ、柔と剛と。人の道を立つ、仁と義と」といわれている。これらの道を混同して一つにしてはならない。もし「一陰一陽、これを道という」が道字の来歴根源をいうとすれば、それでは陰陽（天道）を人道とすることになるのではないか。（林本補足）一般に聖人のいわれる道とは、みな人道をいうのである。天道にいたっては、夫子のほとんどいわれないことであって、子貢が聞くことはできないとするのはそれゆえである。」北渓における天道と人道との混同の誤りは明かである。

【評釈】「一陰一陽、これを道という」を仁斎は天道をいうとし、これを道字の来歴根源（道概念の形而上的起源）をいうとする陳北渓の理解を批判している。もしこれを同じ道字の形而上の根源をいうとすると、陰陽をもって人道をいうことになってしまうではないかと仁斎はいうのである。仁斎は往来通行する形象をもって天道といい、地道といい、人道というのであり、そのかぎり「天人一道（天道も人道も同一の往来する道）」といいうるのだということなのである。ただそのことは天道と人道とが同じだとか、天道が人道の根源だということではないと仁斎はいうのである。人びとが路上を往来通行する、そこから道の概念は成立するのであって、道とは本来人の道なのである。この往来通行する道を天の運動に当てはめて天道という概念も成立するというのが仁斎の考え方である。ただここで仁斎は陳北渓の『北渓字義』における言葉をかなり恣意的に引用している。引用箇所の全文を参考として以下に掲げておく。

易に説く、「一陰一陽、これを道と謂う」と。陰陽は気なり。形而下のものなり。道は理なり。ただこれ陰陽の理、形而上のものなり。孔子この処、これ造化根原上に就きて論ず。大凡字義、すべからくこれ本文に随いて看て、透るをえばまさに可なるべし。「道に志す」、「与に道に適くべし」、「道は邇きに在り」などの類い、またこれ人事上に就きて論ず。聖賢人の与《ため》に道を説くに、多くはこれ人事上に就きて説く。ただこの一句、すなわちこれ易を賛するの時、来歴根原を説く。儒中の禅学を竊むもの、また直ちに陰陽を指して道と為す。すなわちこれ気を指して理と為したるなり。

（『北渓字義』下・道）

人倫日用の道

◇「道」第二条

一道とは人倫日用当に行くべきの路、教えを待ちて後有るに非ず、また矯揉《きょうじゅう》して能く然るに非ず。一みな自然にして然り。四方八隅、遐陬《かすう》の陋、蛮貊《ばんぱく》の蠢《しゅん》に至るまで、君臣・父子・夫婦・昆弟・朋友の倫有らずということなし。また親・義・別・叙・信の道有らずということなし。万世の上もかくのごとく、万世の下も亦かくの如し。故に曰く、「道とは須臾《しゅゆ》も離るべからず」と。

【訳】道とは人倫日用の場において人びとが当然歩み行く路である。この道は教えをまってあるのではなく、また正し直されて人はその道をゆくのではない。自然《おのずから》にしてそうなのである。世界のいかなる辺境にあっても、どのような片田舎にあっても、また未開の土地の民にいたるまで、君臣・父子・夫婦・兄弟・朋友の人倫のないところはない。そして人倫のあるところに親・義・別・序・信の道がないことはない。万世の上もそうであったし、万世の下もまたそうである。それゆえ、「道とは須臾《しばらく》も離れることはできない」（『中庸』）というのである。

【評釈】これは仁斎倫理学にとって非常に重要な言葉である。仁斎はここで道とは「人倫日用当に行くべきの路」だという。これは朱子の「人倫日用当に行うべきの理」に対抗的に、それを換骨奪胎する形でいわれている。朱子において道が理であるとは、それが人倫日用における人間のあり方を規制し、秩序づける道理、人はそれに従わねばならない規範としてあることを意味している。この道の規範性の根拠は天理であった。このような道理的規範としての道という概念が、日常の生きた人間のあり方を束縛し、人を活かすよりは殺すものであると知ったとき、しかもその概念が儒家の形而上的な思惟によって成立するものであると知ったとき、道はどのようにとらえ直されるのか。

それに最初に答えたのが仁斎である。その答えがここにあるのである。

だがこの答え方はすごい。ある意味で究極的な答え方をしているのである。私は仁斎の「人倫日用当に行くべきの路」を、「人倫日用の場において人びとが当然歩み行く路」と訳した。人びとが人と交わる日々の生活で当然歩んでいる路が道だと、道の規範性をほとんど最小にするようにして訳した。たしかに仁斎も、人倫という人間の交わりのあるところに道があるのであって、そのことは外からの教育を含む規正によってそうなのではなく、自然にしてそうなのだといっているのである。この反規範主義的な道のとらえ方は、人倫という交わりをもってする日常生活という人間の常態性に道をとらえる見方を導くだろう。これは規範倫理学の対極としての人間の常態性の倫理学である。人倫日用という人間生活の常態性がすでに倫理を備え、倫理を実現していると見る立場である。この立場を伝える言葉が仁斎の『童子問』には数多くある。そのいくつかをここに引いておこう。

子、かの五穀を識るや。天下の至味を論ずるときは、すなわち五穀に至って極まる。八珍の美膳、醍醐の上味と雖も、五穀の常に食らうべくして厭かざるに若かず。……論語の道に於けるがごとき、すなわち食中の嘉穀なり。これを四海に施して準有り、これを万世に伝えて弊無し。

（『童子問』上）

人の外に道無く、道の外に人無し。……もしそれ人倫を外にして道を求めんと欲するものは、なお風を捕り影を捉うるがごとし。必ず得べからず。

（『童子問』上）

道はそれ大地の如きか、天下地より卑《ひく》きはなし。然れども人の蹈むところ地に非ずということなし。地を離れて能く立つこと無し。（『童子問』上）

ああ、天下あに常道より大なるもの有らんや。その常道の上に出でて別に大道有りとするときは、すなわちその道あに磅礴《ほうはく》広大、人倫日用に宜しからずして、堯舜の道と差《たが》い異なるもの有るに非ずや。（『童子問』下）

もちろん人倫日用という人間の常態性において道をとらえるとき、そこから多くの問題が出てくる。孔子の道の教えとは人間にとって何か、それを学ぶとは人にとってどのような意味をもつのか、そもそも道徳とは何か、道徳の学とは何か、などなど。まさしく仁斎が『語孟字義』を書き、『童子問』を著すのはそれらの問いに答えようとしてである。

なお近代日本の倫理学者で人間の常態性に注目したのは和辻哲郎である。もともと倫理学（エティカ）とは人間のエートス（生活態度）の学であった。そのエートスとはたとえばギリシャのポリス国家という共同体を構成する人びとの生活態度・規範が意味された。ヨーロッパに近代市民社会が成立すると、その社会における市民の生活規範、何を目的に、どのような規範にしたがって生きることが正しいかを追究する倫理学（エシックス）が成立する。明治に最初に導入されたのはこの倫理学（エシックス）である。すなわち市民社会の倫理学である。この倫理学は市民社会の形成にとって意味があっても、民族的国民国家を形成しようとする明治国家にとって有効なものではない。そこから国家共同体の倫理学（エティカ）が呼び戻されてくる。倫理学（エシックス）を共同体の倫理学に作り直していったのが和辻である。この日本倫理学の作り直しにあたって和辻は、儒教の人倫の概念をもって「倫理」の語を再構成していく。「倫理」とは人倫の理法である。人間は交わりという相互的関係性をもって存在する人間のあり方にすでに理法（道）がある。それを明らかにするのが倫理学だと和辻はいうのである。和辻におけるこの「倫理」のとらえ方は仁斎とほとんど変わらない。和辻も仁斎と同様に、交わりをもちながら存在する人間の生活における常態性に注目しているのである。だが和辻が儒者仁斎と異なって近代の倫理学者であるのは、彼がこの関係性をもった人間の生活を共同体的な生としてとらえていくことにおいてである。和辻においては国家における国民としての存在の倫理（生活態度）、民族的共同体における倫理が問題なのである。和辻は仁斎と「倫理」の概念を共有しながら、しかしその倫理学的展開は日本の国家倫理学としてなされていくのである。この和辻の近代倫理学の展開を見ることによって、逆に私たちは仁斎における人倫日用の倫理学の普遍的な特質を見出すことができる（参考：子安宣邦『和辻倫理学を読む』青土社、二〇一〇年）。

仏老の教のごときは、則ち然らず。これを崇《とうと》むときは則ち存し、これを廃するときは則ち滅ぶ。有れども用を為さず、無けれども損をなさず。古昔《いにしえ》・舜・禹・湯・文・武の時、世 咸《ことごと》く太平にして、民はみな寿考《じゅこう》、二氏無きを以て患《わずら》いとせず。仏老始めて盛んなるより以還《このかた》、人主これを崇奉するもの多からずとせず。然り而して大いにこれを崇奉するときは、則ち大いに乱れ、

小しくこれを崇奉するときは、則ち小しく乱る。わが聖人の道のよく天下一日も無から使むること能わざるがごときに非ず。故に曰く、有りて用をなさず、無くして損をなさずと。

【訳】だが仏氏や老氏の教えはそうではない。これを尊崇するときは、その道は存在するが、これを廃すれば、道も滅んでしまう。だから有っても役に立たず、無くても不足はない。古えの堯・舜・禹・湯・文・武の時世は、みな太平であり、民もまた長寿であり、仏氏・老氏の二氏が無くとも患いとしなかった。仏老が盛んになってからこのかた、世の君主で仏老を尊重するもの、決して少なしとしない。その結果として、君主が大いに仏老を尊崇するときは、大いに世は乱れ、少しく尊崇するときは、少しく乱れた。それはわが聖人の道無くしては、世界は一日も立ちゆかないことにとても比べることはできない。だから私は、仏老の道は有っても役に立たず、無くても不足はない、というのである。

匹夫匹婦も行く道

◇「道」第三条

孟子の曰く、「道は大路のごとく然り。あに知り難からんや」。いわゆる大路とは貴賤尊卑の通行するところ、なお本国の五畿七道、および唐の十道、宋の二十三路のごとし。上、王公大人、下、販夫・馬卒・跛《は》奚《けい》・瞽《こ》者《しゃ》に至るまで、みなこれに由らざるをえず。唯王公大人の行くことをえて、匹夫匹婦の行くことをえざるときは、則ち道に非ず。賢知者の行くことをえて、愚不肖者の行くことをえざるときは、則ち道に非ず。故に曰く、大路のごとく然りと。ただ安んずると勉むるとの別に在るのみ。仏老の教、及び近世禅儒の説のごとき、高く空虚憑《よ》り難きの理を唱え、好んで高遠及ぶべからざるの説を為す。奇にして喜ぶべからざるに非ず、高くして驚くべからざるに非ず。然れどもその天下に通じ、万世に達し、須臾も離るべからざるの道に非ざるを奈何《いかん》。故にわが儒と異端との真偽是非を弁ぜんと欲す。本、多言を費やすを要せず。ただその得て離るべきと、得て離るべからざるとを察して、可なり。

【訳】孟子は、「道とは大路のごとくである。どうして知り難いことがあろうか」（告子下）といっている。いわゆる大路とは、貴賤尊卑の別なく通行するところである。この国の五畿七道、唐の十道や宋の二十三路のごときものである。上は王公大人から、下は行商人から馬卒、そして足を失い、目を失ったものまでもがみなこれに由ることで行くことができ、これに由らなければ行くことはできない。ただ王公大人だけが行くことができ、匹夫匹婦が行くことができなければ、それは道ではない。賢者知者が行くことができ、愚者不肖者が行くことができなければ、それは道ではない。それゆえ孟子は、「大路のごとくである」というのである。ただ安んじて行くことができるのと、努力してやっと行くことのできるのとの違いがあるだけである。仏老の教えや近世の禅的な儒者の説は、高遠で、しかし空虚で拠り所のない道理を唱えている。人はその不思議な珍しさを喜び、その高さに驚くことはあっても、そこに説かれる道が、天下・万世を通じて、しばらくも離れるをえない道ではないことを、人はどう考えたらよいのか。人はただ離れることのできる道と、離れることのできない道との別を察することができれば、それでよいのだ。

【評釈】簡明な言葉で、非常に大事なことがいわれている。「ただ王公大人だけが行くことができ、匹夫匹婦が行くことができなければ、それは道ではない」という言葉は、仁斎がはじめていったものではないか。

仁斎は第四条で、「道体」という概念はもともと存在しないことをいう。朱子は「一陰一陽、これを道と謂う」によって、一陰一陽という現象としての道に現れるのが道の本体だという。この道の本体が「道体」である。ここには道に形而上と形而下とを区別し、本体と作用との別をいう思惟のあり方がある。こうした思惟によって「道体」概念を構成するのは宋儒に始まると仁斎はいうのである。こうした「道体」概念をもって人道の根源をとらえるような考え方は、もともと「聖人の書」にはないとして、仁斎はこうした道の本体といった概念は老荘の虚無の説に由来するという。

実にこの道有り

◇「道」第五条（抄）

仏氏は空を以て道とし、老氏は虚を以て道とす。仏氏以為《おもえ》らく、山川大地尽くこれ幻妄と。老氏以為く、万物皆な無に生ずと。然れども天地は万古常に覆載《ふくさい》し、日月は万古常に昭臨し、四時は万古推遷《すいせん》し、山川は万古常に峙流《じりゅう》し、羽あるもの、毛あるもの、鱗あるもの、裸なるもの、植《た》つるもの、蔓《の》びるもの、万古此くのごとし。形を以て化するものは、万古形を以て化し、気を以て化するものは、万古常に気を以て化す。相伝え、相蒸し、生生窮まり無し。何ぞかのいわゆる空虚なるものを見るところならんや。彼は蓋し智を用い、学を廃し、山林に屏居し、黙座澄心し、得るところの一種の見解に出でて、天地の内、天地の外、実にこの理有るに非ず。凡そ父子の相親しみ、夫婦の相愛し、儕輩《さいはい》の相随う、ただ人これ有るに非ず、物もまたこれ有り。ただ有情のものこれ有るに非ず、竹木無智のものと雖も、また牝雄牝牡《ひんぼ》子母の別有り。況や四端の心、良知良能を己れに固有するものに於ておや。ただ君子能くこれを存するのみに非ず。行道の乞人と雖もまた皆なこれ有り。聖人これを品節するのみ。

【訳】仏氏は道を空とし、老氏は道を虚とした。仏氏は山川大地をことごとく幻妄とみなし、老氏は万物はみな無より生じるとした。しかしながら天は万古を通じて地を覆い、地は常に天を載せて変わることなく、日月は万古を通じて変わりなく昭臨し、四時は万古を通じて変わりなく遷《うつ》り行き、山川は万古変わりなく峙《そび》え、また流れる。羽あるもの、毛あるもの、鱗あるもの、裸なるもの、植つもの、蔓びるものは万古を通じてそれぞれそのようである。形をもって化生するものは万古常に形をもって成り、気をもって化生するものは万古常に気をもって成る。万物それぞれに相伝え、相蒸し成し、生生して窮まりない。どうしてこの天地にあの空にして虚なるものを見ることがあろうか。それはただ智を用いて学ぶことを廃し、山林に隠れ住み、黙座澄心してえた一種の悟りに出るものである。天地の内でも、天地の外でも、実《まこと》にこの空なる理があることはありえない。およそ親子が相親しみ、夫婦が相愛し、朋輩が相随うことは人間にあるだけではない、動物にもあることである。有情の存在にあるだけではない、竹や木や、智の働きのないものにおいてもまたそこには雌雄・牝牡・母子の別があるのである。ましてや四端の心や良知良能をもともと己れの心にもつものにおいてをや。君子がこれを所持するだけではない、路を行く乞食もまた皆これをもっている。聖人はそれを整えて教えとしたのである。

■第四講「理」

理の字はもと死字――「理」第一条・第二条――

「理」字と理学

日本で朱子学と呼ぶ中国宋代に成立する新儒学を、中国では理学と呼んでいる。この「理学」を辞書によって見れば、「宋代の儒学は原始儒学の領域から一歩を進め、孰れも人性と宇宙との関係を説き、性命と理気との問題が論議の主潮をなしていた。従ってこれを漢唐の訓詁学、清朝の考証学に比べて性理学と名づけ、略して理学という」(『大漢和』)とある。ここでは性理学の略だとされているが、しかしなお理学と称されるのは、朱子学が「理」概念を根幹にした思惟の体系だからである。ところで「理」字は「理は玉を治むるなり」(『説文』)とあるように、玉を磨いて文理をあらわにすることをいうとされる。そこから理は文理、条理も意味されてくる。玉に文理があるように、「人の皮膚にも肌理がり、地にも山川の文があるので、天文に対して地理という。人情を情理といい、道理の存するところを天理といい、理気二元が天地の道とされた」(『字通』)と白川静は説明している。この白川の「理」字の説明自体がすでに理学的になっている。すなわち天地の万象に理

(条理・道理)を見ているのである。白川は理学によって「理」字を読んでいるようだ。理学はたしかに宇宙の万象に理を見出していく。そして理学とは、この宇宙の万象に理を見出すとともに、その認識を言葉にしていく論理の体系でもある。すなわち理学とは宇宙の万象における理を語り出していく体系である。だからわれわれの使う「論理」をはじめ「哲理」「法理」「物理」「心理」などの理学的翻訳語彙によっても明らかなように、理学なしには近代の学問的な言語も思惟も東アジアの漢字圏に成立しないともいえるのである。「理」概念を中心にし、それを基軸にした理学の成立は、そのように近代のわれわれにとっても重大な意味をもっているのである。

朱子学が「理」概念を中心にした理学として成立したとき、「理」字は条理という以外にもう一つ重大な意味をもつことになる。すなわち「理」は根拠の意義をもつことになる。朱子学は宇宙における万物の生成と展開を理気二元論でもって説明する。万物の生成と展開とは気の運動であるが、その運動を貫くのは宇宙の究極的根拠としての天理である。天理は生成する万物の存立根拠(人の性、物の理)をなし、万象の条理をなすのである。人間が生まれれば、天は必ず人間であることの根拠(理=性)を賦与すると朱子は説く。こうして朱子学(理学)は「理」を最優越的概念とした宇宙論的な体系として成立する。さらに体用論的な思惟と結びついて、「理」はそれぞれにおける本体論的な概念を構成していく。かくて人間の本性、本来性が、日常における喪失的生から回復されねばならないものとして措定される。理学は人間についての本来主義的言語を構成するのである。仁斎の前にあったのは、このような「理」字であり、理学であった。

◇「理」第一条

理の字、道の字と相近し。道は往来を以て言う。理は条理を以て言う。故に聖人、天道と曰い、人道と曰い、未だ嘗て理の字を以てこれを命《なづ》けず。易に曰く、「理を窮め、性を尽くし、以て命に至る」と。蓋し理を窮むるは物を以て言う。性を尽くすは人を以て言う。命に至るは天を以て言う。自ずから物よりして人、而うして天、その詞を措《お》くこと自ずから次第有り。見つべし、理の字を以てこれを事物に属して、これを天と人とに係《か》けざることを。

【訳】理の字と道の字とは近接した関係にある。道とはそこを往来するをもって、道という。理とは、そこに条理があるをもって、理というのである。それゆえ聖人孔子は天道といい、人道といっても、それらを理字をもって名づけることはなかった。『易』に、「理を窮め、性を尽くし、以て命に至る」（説卦）とある。思うに、理を窮めるとは物についていい、性を尽くすとは人についていていい、命に至るとは天についていうのである。そこでは物から人、そして天へと言葉を用いる順序が自ずからあるのである。見るべきである。理の字を事物に属して使っても、決して天と人に関係づけて使わないことを。

道字は活字・理字は死字

一　或るひと謂《おも》えらく、聖人、何の故にか道の字を以てこれを天と人とに属して、理の字をこれを事物に属するやと。曰く、道の字は本活字、その生生化化の妙を形容する所以なり。理の字のごときは、本死字、玉に従い里に従う。玉石の文理を謂う。以て事物の条理を形容すべくして、天地生生化化の妙を形容するに足らず。

【訳】ある人が、聖人はなぜ道の字を天と人に属さしめ、理の字を事物に属さしめたのかと質ねた。私はそれに答えていった。道の字はもともと活字である。天地の生生化化の妙を道字でもって形容するのはそれゆえである。ところが理の字はもと死字である。理字の形象を「玉に従い、理に従う」と説くように、理とは玉石の文理をいうのである。したがって理字でもって事物の条理を形容することはできても、天地の生生化化の妙を形容するには足りない。

蓋し聖人、天地を以て活物とす。故に易に曰く、「復はそれ天地の心を見る」と。老子は虚無を以て道とす。天地を視ること死物のごとく然り。故に聖人は天道を曰い、老子は天理と曰う。言おのおの当たるところ有り。これ吾が道の老仏と自ずから異にして、混じてこれを一にすべからざる所以なり。按ずるに天理の二字しばしば荘子に見る。吾が聖人の書に於いてこれ無し。楽記に天理人欲の言有りと雖も、然れども本老子に出で、聖人の言に非ず。象山の陸氏、これを弁じて明かなり。

象山陸氏曰く、天理人欲の言、亦自ずからこれ至論ならず。もし天はこれ理、人はこれ欲なるときは、則ちこれ天人同じからず。これその原《みなもと》は蓋し老子に出ず。楽記に曰く、「人生まれて静かなるは、天の性なり。

物に感じて動くは、性の欲なり。物至りて知知る。然る後に好悪形《あら》わる。〔(楽記によって補う) 好悪、内に節無く、知、外に誘わるれば、〕躬に反る能わずして天理滅ぶ」と。天理人欲の言、蓋しここに出ず。楽記の言、亦老氏に根《もと》づく。

【訳】思うに、聖人孔子は天地をもって活物とするのである。それゆえ『易』の「一陽来復」の卦の彖伝で、「復は天地の心を見るか」といわれるのである。老子は虚無をもって道とする。天地をあたかも死物のようにみなすのである。それゆえ聖人は天道といい、老子は天理という。それぞれの言葉はそれぞれに異なるものに対応する。これこそがわが聖人と老仏とを混同してはならない理由なのだ。考えてみるに、天理の二字はしばしば荘子に見られるもので、わが聖人の書には見出されない。『礼記』の「楽記」に「天理人欲」という言葉があるが、それはもと荘子に出るもので、決して聖人の言ではない。陸象山がこのことをはっきりと弁じている。

陸象山はいっている。天理人欲の言もまた自ずから至論とはいえない。もし天を理とし、人を欲とするならば、これでは天と人とは別だということになる。この天理人欲の源は老子に出るのである。「楽記」に、「人の心は生まれつきは静かである。それを天の性という。人の心が外物に感じて動くのを人の欲という。人が外物に感じて、外物を知る。知が生じて後、好悪が生まれる。〔(楽記によって補う) 好悪、内に節無く、知、外に誘わるれば、〕自分に立ち帰ることができずに、天理 (天の性) は滅びてしまう」と。天理人欲の言はここに登場するが、これは老氏に本づくものである。

【評釈】仁斎の朱子学（理学）批判の思想戦略をここに見るべきだろう。仁斎は「理」字を死物の条理として「道」字の活物性に対置していく。このことは死字である「理」概念を根柢にして構成される朱子学（理学）という宇宙論的な思想体系を非活物的な、いわば死物的な思弁的体系と見ることを意味している。そのことは聖人孔子の「道」の体系を活物的な人間の行為的体系として再確認することでもある。『語孟字義』における「理」章とは、聖人孔子の思想とは「理」字を必要とせず、それを根拠にして論をなすようなものではなかったこと、むしろ「道」字こそその思想にもっとも相応しいものであることを明らかにするのである。

仁斎は「理」字を「玉に従い、里に従う」形象とし、もともと玉石の条理の意だとする。したがって仁斎は「理」を事物の条理（道理）という意味に限定していく。すなわち「理」における根拠の意味を否定するのである。理学において宇宙の究極的な根拠は「天理」であった。この「天理」概念を聖人のものではないとして仁斎は否定する。だが「天理」概念の否定にあたって仁斎は、これを老荘（そのテキスト）におけるものとして否定しようとする。しかし「天理」概念の文献的な批判作業はうまくいってはいない。「天理」概念の成立は、これを究極的な根拠概念とした宇宙論的な思弁体系の成立と同時だというべきだろう。すなわち宋代における理学の成立が「天理」概念をも成立させるのである。だから老荘のテキストに「天理」概念があるかどうかといった問題ではない。しかし朱子学的な死物の理学の淵源を老荘に見る仁斎は、「天理」もまた老荘に始まるとするのである。仁斎の『童子問』からいくつか補う言葉を引いておこう。

理の字はこれを事物に属するときは、則ち可なり。これを天地に用いるときは、則ち不可なり。……もし理を以て万物の本原とするときは、則ち自ずから流れて老仏の学に入る。聖人の旨と、実に天淵なり。

（『童子問』中・六十六）

理は本死字、物に在って物を宰《つかさど》ること能わず。生物に在っては生物の理有り、死物に在っては死物の理有り。人には則ち人の理有り、物には則ち物の理有り。然れども一元の気これが本と為って、理は則ち気の後に在り。故に理は以て万化の枢紐《すうちゅう》とするに足らず。

（『童子問』中・六十八）

凡そ聖賢の譬えを設くる、本甚だ精《くわ》しうして且つ厳《おごそ》かなり。蓋し道や、性や、心や、皆生物にして死物に非ず。故に生物を以て喩《たと》うべくして、死物を以て比すべからず。もし死物を以てこれを比するときは、則ちただに引喩当を失するのみに非ず、必ず邪を以て正とし、西を認めて東と為し、その人を錯《あや》まらざるものは鮮《すくな》し。

（『童子問』下・四十七）

◇「理」第二条

聖人、毎《つね》に道の字を以て言を為して、理の字に及ぶものは甚だ罕《まれ》なり。後世儒者のごとき、もし理の字を捨つるときは、以て言うべきもの無し。その聖人と相齟齬するものは、何ぞや。曰く、後世の儒者は専ら議論を主として、徳行を以て本とせず。その勢い自ずから然らざること能わず。且つ理を以て主とするときは、則ち必ず禅荘に帰す。

【訳】聖人はつねに道の字をもって教えの言葉となし、理の字によって説くことはほとんどなかった。ところが後世の儒者にいたっては、もし理の字を用いないなら、言葉にしうるものはないという始末である。聖人とこれほど齟齬を来すにいたったのは、なぜなのか。私は考えるに、後世の儒者は議論を主として、徳行を本としないからである。その勢い、自ずからこの結果をもたらさざるをえないのである。しかも理を主とするものの考えは、必ず禅や老荘と混一化することになるのである。

【評釈】朱子学というのは、儒教の哲学的言説化だということができる。それは道徳とか礼楽的伝統のロゴス化である。それは「理」字と理的言語とを要求する。儒教はそれによって理学となるのである。理学として儒教は、言説的な普遍性をもつにいたる。ここでは仁斎の立場から儒教のこの変化をいっているのである。

蓋し道は行う所を以て言う。活字なり。理は存する所を以て言う。死字なり。聖人の道を見るや、実。故にその理を説くや、活す。老氏の道を見るや、虚。故にその理を説くや、死す。聖人、毎に天道と曰い、天命と曰いて、未だ嘗て天理と曰わず。人道と曰い、人性と曰いて、未だ嘗て人理と曰わず。唯荘子しばしば理の字を言う。その多きに勝えず。彼、蓋し虚無を以てその道と為すが故なり。ゆえに詞を措くこと自ずからかくの如くならざること能わず。吾故に

一曰く、後世の儒者、理を以て主とするものは、その本老氏より来たると。

【訳】思うに、道とは働き行うところについていうのである。それゆえ道とは活字である。理とは保ち存するところについていうのである。それゆえ理とは死字である。聖人は道を実として見る。それゆえ聖人の理をいう言葉は活きている。老氏は道を虚無として見る。それゆえ老氏の理をいう言葉は死んでいる。聖人はつねに天道といい、天命といっても、決して天理とはいわない。また人道といい、人性といっても、決して人理とはいわない。ただ荘子はしばしば理の字をいう。その言及の多さは堪えがたいほどである。それは荘子が道を虚無とするゆえである。そこから理字をしばしばいうような言葉使いにならざるをえないのである。だから私は、後世の儒者が理を以て主とするのは、もと老氏に由来するというのである。

■第五講「徳」

「道徳」概念の成立——「徳」第一条〜第四条——

多くの儒家概念はそれぞれの儒学的体系の形成の中で変容し、その体系における意味を獲得していく。それは儒学だけに限られることではなく、哲学的概念と体系一般に見出されることである。経書の解釈体系として展開される儒学では、新たな解釈体系の中で儒家概念は新たな体系的な意味を獲得していく。朱子学とは性理学や理気論的思惟をもって理論的に完備された解釈体系である。この朱子学によって儒家概念は一新されたのである。あるいはむしろ朱子学によってはじめて儒家的語彙は哲学的に概念化されたというべきだろう。東アジアにおけるわれわれの概念的、哲学的思考はこれによって可能になったといえるのである。東アジアにおいて朱子学を経過するということは、われわれの言語が哲学的思惟とその表現を可能にする言語になるということでもある。だから「道」といい「理」といい「性」といい「命」といい「仁」といった概念はすべて朱子学的に再構成され、われわれの思惟を構成するものとなっていくのである。「徳」もまたそうである。すでに朱子学的に再構成された概念によっているわれわれが、それらが朱子学以前にもっていた意味を考えることはとても難しい。

仁斎の古義学は、概念の朱子学的再構成を批判して『論語』の古義に立ち帰ろうとする。だが『論語』によってたとえば「道」や「仁」の体系的な筋の通った理解を構成することはできない。そこで仁斎は『論語』の中心的概念を解釈するのに『孟子』によってするという方法をとる。それがわれわれがいま読んでいる『語孟字義』である。その際、仁斎は『孟子』を『論語』と孔子の解釈の正統とするのである。孔子の思想的血脈は孟子に流れているというのである。そうすると仁斎は孔子から孟子への筋道によって古義学という新たな解釈体系を構成することになる。仁斎はこの古義学的解釈体系で朱子学に対決するのである。そこからその古義解明の作業は、実は古義学的解釈体系においてある概念に新たな意味を与えていくということになるのである。『語孟字義』の「徳」の章はそうした側面を色濃くもっている。

「徳」の意味を『大漢和辞典』によって見ると、まず㈠「心に養い身に得たるもの」という意味が最初にあげられている。これは「徳は得なり」という古意によるものである。そしてそれを㋑「よい品格」、㋺「ひとがら。品格。人の思想・生活を統一するもの」、㋩「性行、気質」と敷衍している。さらに辞典は「徳」について、㈡「行為、節操」、㈢「賢者」、㈣「はたらき」、㈤「真理」などの意味をあげていく。恐らく『論語』でいわれている「徳」とは上の㈠のような、その人が一身に具える力量、人柄の大きさ、心の深さ、広さなどを意味したものであろう。㋺の人の「思想・生活を統一するもの」というのは、すでに体系的に概念化されている。この概念化は朱子学によって一層進み、「徳」は人が心に具える天賦の徳性（本性・道徳性）となる。その徳性は仁義礼智を意味する。仁斎の前にあるのはこの「徳」の概念である。

◇「徳」第一条

徳とは仁義礼智の総名なり。中庸に曰く、「智仁勇の三者は、天下の達徳なり」。韓子もまた曰く、「吾がいわゆる道徳というは、仁と義とを合して言う」と。是れなり。然れどもこれを徳というときは、則ち仁義礼智の理備わりて、その用未だ著《あら》われず。既にこれを仁義礼智と謂うときは、則ち各《おのおの》事に見《あら》われて、迹の見るべき有り。故に経書多く徳を言うて、又仁を言うは、蓋しこれが為なり。

【訳】徳とは仁義礼智の総名（総体的名辞）である。『中庸』には、「智仁勇の三者は、天下の達徳である」とあり、韓退之もまた、「私がいう道徳というのは、仁と義とを合していうのである」（原道）という。徳が総名であるとは、これをいうのである。しかし徳というのは、徳が仁義礼智のそれぞれの理を備えながら、具体的な働きとして現れていない場合である。徳をすでに仁義礼智というのは、実際の事柄として現れて、それぞれの事の経過次第を見ることができる場合である。それゆえ経書では多く徳をいうとともに、仁をもいうのは、その故である。

【評釈】ここで仁斎は、人間の本体的徳を仁義礼智とする朱子の徳概念を基本的に継承しながら、その徳を朱子におけるような本性の概念としてではなしに再構成しようとする。これはきわめて危うい試みである。本体的な徳が、実際の事の上では仁義礼智のそれぞれの名をもった徳としてあることを説くのに、仁斎は体用論の論理に頼らざるをえないのである。本体概念といい、体用論といい、これらはまさに朱子学を構成する概念であり、論理である。これらを用いて理論構成することは古義学にとっては自己矛盾である。こうした自己矛盾を犯しながら、あえて仁斎がやろうとしているのは本性論的な道徳概念の対極にある道徳概念とそれを基底にした道徳論の構築である。古義学にとって危うい試みは、「徳」から「仁義礼智」の章へと続けられる。

◇「徳」第二条

徳の字及び仁義礼智等の字、古注疏みな明訓なし。蓋しこれを訓ずること能わざるに非ず。もと訓ずべからざるを以てなり。何となれば、学者の常に識る所にして、字訓の能く尽くす所に非ざるなり。晦庵の曰く、「徳は得なり。道を行いて心に得ること有り」と。この語、もと礼記に出ず。但し礼記は、「身に得ること有り」に作る。晦庵、身の字を改めて心の字に作る。然れども礼記のいわゆる「徳は得なり」とは、なお「仁は人なり」「義は宜なり」「天は顛なり」「地は示なり」と言うがごとし。みな音の近きものを仮りて、もってその義を発す。もと正訓に非ざるなり。もし徳を以て得の義となすときは、これ修為を待ちて後有り。あに本然の徳を尽くすに足らんや。

【訳】徳および仁義礼智の字の意味について古注疏のどれもはっきりとした訓《よ》みをしていない。それは訓み解くことができないからではなく、もともと訓み解く必要がなかったからである。それらの字義は学者の常識としてあったのであり、字訓が解き明かすべきものではなかったからである。朱子は徳を解して、「徳とは得である。人が道を行って、心に得るところのものが徳である」（『論語集注』）といっている。この徳の解は『礼記』によるものだが、そこでは「身に得る」とあるのを「心に得る」と朱子は改めている。だが『礼記』でいわれる「徳は得なり」の解は、「仁は人なり」「義は宜なり」「天は顚なり」「地は示なり」という解と同じである。すなわち音の近い字を仮りて意味を明かそうとするのである。これは正しい解ではない。もし徳を得の意味だとするならば、徳は道を行うという実践をまってはじめて得られてあるということになる。この解はどうして徳の本然性を明かすことができようか。

【評釈】仁斎はここで「本然の徳」といういい方をしている。朱子において「本然」という語でいわれるのは「性」である。本体的概念としての「性」こそ「本然の性」といわれるのである。この朱子における「性」の位置を仁斎では「徳」が占めていく。朱子では仁義礼智は「性（徳性）」の概念であるが、仁斎では仁義礼智は「徳（道徳）」の概念である。

語に曰く、「徳に拠る」。中庸に曰く、「微の顕なることを知れば、与に徳に入るべし」と。これらの徳の字、みな道の字の意有り。すなわち仁義礼智の徳を指して言う。その拠の字、入の字を観て見るべきなり。また曰く、「由や、徳を知るものは鮮し」。また曰く、「吾、未だ徳を好むこと、色を好むがごとくするものを見ず」。それ一物有って、後これを知ると謂う。またこれを好むと謂う。宋儒の謂うところのごとくなるときは、知好の二字、意義通ぜず。

【訳】『論語』には「徳に拠る」（述而）といわれ、また『中庸』には「微の顕なることを知れば、ともに徳に入るべし」とある。これらの徳の字は、みな道の字と同義である。すなわち仁義礼智の徳を指していっている。「拠る」といい「入る」という語によってそれを理解すべきである。また孔子は、「由（子路）よ、徳を知るものは少ないね」（衛霊公）といい、また「私はまだ徳を好むこと色を好むがごとくであるものを見ない」（子罕）といっている。「知る」「好む」というのは、すでに徳が対象物としてあるからである。宋儒のように、道を行って後に心に得るのを徳としては、孔子の言における知・好の二字の意義は通じない。

◇「徳」第三条

道・徳の二字、また甚だ近し。道は流行を以て言う。徳は存する所を以て言う。道は自ずから導く所有り。徳は物を済《な》す所有り。中庸、君臣・父子・夫婦・昆弟・朋友の交わりを以て達道とし、知仁勇を以て達徳とす。是れなり。もし推してこれを言えば、則ち一陰一陽は、天の道なり。覆うて外無きは、天の徳なり。剛柔相済すは、地の道なり。物を生じて測られざるは、地の徳なり。或いは補或いは瀉《しゃ》は、薬の道なり。能く病いを療じ命を活するは、薬の徳なり。或いは炎或いは焼は、火の道なり。能く飲食を調和するは、火の徳なり。これに由ってこれを観れば、道・徳の二字の義、自ずから分明なるべし。

【訳】道と徳の二字の意義は、非常に近接している。道とはものの流行・交通のあり方をもっていう。徳とはものの存在・持続するあり方をもっていう。また道は自ずから導くところがある。徳にはものを成就せしむるところがある。『中庸』で、君臣・父子・夫婦・兄弟・朋友の交わりを「天下の達道」とし、知仁勇の三者を「天下の達徳」としている。これこそ道と徳の正しいいい方である。これをさらに推し及ぼしていえば、一陰一陽するのが天の道であり、地を覆いつくしているのが天の徳である。剛と柔とが相互に成していくのが地の道である。物を生み出して測ることもできないのが地の徳である。ある場合は補い、ある場合は下すのは薬の道である。病を治め、生命《いのち》を活《い》かすのが薬の徳である。あるいは燃やし、あるいは焼くのは火の道である。飲食をよく調えるのが火の徳である。これらによって考えれば、道と徳の二字の意義は自ずから分明であるだろう。

【評釈】仁斎は仁義礼智を「天下の達道」といい、また「天下の達徳」という。道と徳とは重なり合いながら、なお道は道であり、徳は徳であることをいかにして説明するのか。すでに仁斎では、両者は重なりながら「道徳」の概念を構成しようとしている。いいかえれば道徳的標準（社会の客観的な道徳規範）としての仁義礼智という概念を、仁斎はまさに構成しようとしているのである。いまこの道徳的標準としての仁義礼智がもつ二面を道と徳との別として説いているのである。すなわち道徳的標準とは、それに向かって人びとの行為を導く目標であるとともに、それに従って己れを成就させていく規準としての意味をもつのである。

◇「徳」第四条

聖人徳を言いて心を言わず。後儒は心を言いて徳を言わず。蓋し徳とは天下の至美、万善の総括なり。故に聖人、学者をして由って、これを行わしむ。心のごときは、もと清濁相雑じる。ただ仁・礼をもってこれを存するのみ。子の曰く、「その心三月仁に違わず」。また曰く、「心の欲する所に従えども、矩を踰えず」。孟子の曰く、「恒の産有るときは、則ち恒の心有り。恒の産なきときは、因て恒の心無し」。曰く仁、曰く矩、曰く恒、是れ徳。心は則ちこれに処すること如何というに在るのみ。聖人の徳を言いて、心を言わざる所以なり。而うして後儒心を見て、徳を見ず。故に心を以て重しとして、一生の功夫、すべてこれをここに帰す。ゆえに学問枯燥《こそう》して、また聖人従容盛大の気象無し。蓋しこれが坐《た》めの故なり。

【訳】聖人は徳をいっても心をいわない。ところが後世の儒者は心をしきりにいって、徳をいわない。思うに徳とは天下の美《よ》きことの至極であり、万善を総括するものである。それゆえ聖人はこの徳に依拠して行うことを学習者に説いたのである。心はもともと清純一方ではなく、汚濁も混じらざるをえない。ただ仁徳に依拠し、礼に従うことで心は正しく保持されるのである。孔子は、「顔回はその心を三月も仁に違えないでいる」（雍也）といい、また「心の欲するままにして、矩をこえない」（為政）といわれた。孟子は、「民に恒常の産い《なりわ》があれば、恒常の心がある。恒常の産いのないときには、恒常の心も持ち難い」（梁恵王上・滕文公）といっている。ここで「仁」といい、「矩」といい、「恒」といわれているのが、まさしく徳である。心の問題とは、こうした徳という規準によってどう処するかということにあるだけである。それゆえ聖人は徳をいって、心をいわないのである。ところが後世儒者はもっぱら心ばかりを見て、徳を見ないのである。彼らはそれゆえ心を重大視して、一生の営為努力をすべて心に帰着させる。だから後世の学問は無味乾燥で生色を失い、聖人における従容盛大の気象などまったくない。それは心のみ見て、徳を見ないゆえである。

■第六講「仁義礼智」

仁義礼智は道徳の名、性の名に非ず——「仁義礼智」第一条〜第四条——

前講「徳」の章でのべたように、仁斎は朱子学批判を通じて儒学を道徳哲学ないし倫理学として再構成しようとする。ところで「理」章でもふれたように、朱子学（宋学・理学）とは宇宙論から人間論、人間生前の倫理から死後の鬼神祭祀にいたるまでを包括し、それを言語化しうる知の体系としてあった。それを可能にしたのは理気論的概念構成と体用二元論的な思惟方法をもった性理学であった。これによって儒教ははじめて儒学という思想体系となり、一般的知識体系ともなったのである。そして朝鮮・日本における儒学的思惟の展開もこの朱子学の受容によって可能であったのである。

日本近世における朱子学の展開は、朱子学の脱形而上学化としてなされていく。江戸時代の朱子学は天文・地理・歴史・倫理を包括する一般的知識体系として展開するとともに、崎門派における ような朱子学の主体的体得をいう精神主義を生み出していった。他方、朱子学を批判する仁斎によって儒学は道徳哲学的な反省に立って倫理学《エティカ》として再構成され、また徂徠によって儒学は社会的制作の学、すなわち政治学《ポリティカ》として再構成された。仁斎のこの道徳哲学的な反省にとってもっとも重要であるのが、道徳的標準としての「仁義礼智」概念の再構成である。仁斎はこれを「道徳の本体」と呼ぶのである。本体とは、体用論における作用・現象（已発）に対して未だ現象していない（未発の）本来性であり、本有であるものを意味している。朱子学で本体といえばまず天理であり、そして性である。仁義礼智とは性の具える徳であり、心の本体をなすものである。したがって朱子学では仁義礼智は「性の概念」である。仁斎はこれを「道徳の概念」とし、「道徳の本体」とするのである。仁斎はここで仁義礼智を「性の概念」から「道徳の概念」へと転換させようとするのである。これは仁斎倫理学におけるもっとも重要な転換作業である。

◇「仁義礼智」第一条

慈愛の徳、遠近内外、充実通徹、至らざる所無き、これを仁と謂う。その当に為すべき所を為し、為すべからざる所を為さず、これを義と謂う。尊卑上下、等威分明《とういぶんめい》、少しも踰越《ゆえつ》せざる、これを礼と謂う。天下の理、暁然洞徹《ぎょうぜんとうてつ》、疑惑する所無き、これを智と謂う。天下の善衆《おお》しと雖も、天下の理多しと雖も、仁義礼智、これが綱領と為して、万善自ずからその中に総括せずということなし。故に聖人この四者を以て道徳の本体として、学者をしてこれに由ってこれを修めしむ。

【訳】慈愛の徳が遠くも近くも、内も外も、充実し、貫き通して達しないところのないのを仁という。当然為すべきことを為し、為すべからざることは為さないのを義という。身分の尊卑、地位の上下、品に応じた振る舞いが分明であることを礼という。天下の道理を明瞭に洞察し、疑惑を残すことのないのを智という。天下の善、天下の道理がどれほど多いといっても、仁義礼智が綱領（要点・眼目）として、万善を自ずからその中に包括し、まとめ上げないことはない。それゆえ聖人はこの仁義礼智の四者をもって道徳の本体とし、学習者にこれを基準として行わしめたのである。

【評釈】仁義礼智が道徳の本体であるとは、これが道徳の綱領として人びとの行為の目標あるいは基準をなすものだということである。少なくとも私は仁義礼智が道徳の本体であり、綱領だという仁斎の言葉をそのように理解する。なおここで仁斎が、慈愛の徳によって世界を満たしているあり方を仁としていることに注目したい。仁は慈愛の徳であるが、しかし仁が仁であるとは、慈愛の徳によって内から満たされて人間世界が充実して成立することによるのである。その意味で仁は道徳の本体であり、綱領といわれるのである。仁斎には道徳規範とか道徳目標といった概念はない。こうした概念なしで、道徳の本体である仁義礼智と個別行為者との関係が論じられていくのである。

◇「仁義礼智」第二条

仁義礼智の理、学者当に孟子の論を以て、本字の註脚と作《な》して看るべし。蓋し孔門の学者、仁

義礼智を以て家常茶飯《かじょうさはん》とし、復《また》その間に疑い有らず。故に門人弟子、ただそのこれを為す所以の方を問いて、夫子またそのこれを為す所以の方を以てこれに告ぐ。未だ嘗て仁義礼智の義を論ぜず。故に今その詞に拠ってその理を推すこと能わず。孟子の時に至って、則ち聖遠く、道湮《しず》み、学者ただ仁義礼智を修むるの方を得ざるのみに非ず、また仁義礼智の義を併せてこれを知らず。故に孟子学者の為に諄々然として明らかにその理を論じ、その源委《げんい》を指し、委曲詳《しょう》悉《しつ》、復滲漏《しんろう》無し。故に学者当にこれを孟子に原《もと》づけて、その義理を察し、これを論語に会して、その全体を求むべし。則ち茲《ここ》に余蘊《ようん》無し。

【訳】仁義礼智の意義については、学習者は孟子の論をこれらの字の註解として見るべきである。思うに孔子門の学習者は仁義礼智を日常茶飯のこととしていたので、この字義をめぐる疑いなどもつことはなかったのである。それゆえ門人や弟子たちは、ただそれらをどのように実際に行うかを夫子に問うたのであり、夫子もまた実際の行い方をもって答えたのである。かつて仁義礼智の意義を論じることはなかったのである。それゆえ今、論語の夫子の言葉によってその義理を推定することはできない。孟子の時代、聖人孔子から去ることすでに遠く、その教えも姿を沈めてしまっている。学習者は仁義礼智の実際の行い方がわからないばかりでなく、仁義礼智の義理もまた併せて理解できなくなってしまった。それゆえ孟子は学習者のために諄々としてその義理を論じ、その成り立ちを指し示し、その説くところは委曲詳悉、漏れ落ちるところがない。それゆえ学習者は仁義礼智を解するに当たって、『孟子』によって義理を察し、『論語』と引き合わせてその全体を求むべきである。このようにすれば仁義礼智の解に当たって余すところがない。

【評釈】ここには『語孟字義』という『論語』と『孟子』との関係の中でなされる字義解明の方法論がのべられている。やがて仁斎は道徳的言説や概念に本体と修為の別をいう（第四条）。修為とは道徳的実践や実行をいい、本体とはすでにのべたように、道徳的規範や標準・目標をいう。ここで仁斎が『論語』と『孟子』とを対比していることからすれば、『論語』はもっぱら仁義礼智の修為についてのべていて、本体についてのべることはない。それに対して『孟子』ではじめて仁義礼智の本体的あり方がのべられるにいたった、ということになる。『論語』の時代には弟子たちを含めて、あえて尋ねることなく共通に了解されていた仁義礼智の意義が、『孟子』の時代には失われてしまったからであると仁斎はいうのである。ここには『論語』と『孟子』のテキストの性格をめぐる仁斎のとらえ方がある。このとらえ方の上に『語孟字義』という古義学の方法が構築されている。この『孟子』による『論語』理解の方法を『童子問』によって見てみよう。

学者孟子を熟読せずんば、必ず論語の義に達すること能わず。蓋し論語の津筏《しんばつ》なり。論語は専ら仁義礼智を修むるの方を説いて、未だ嘗てその義を発明せず。孟子の時、聖遠く、道湮《しず》み、大義既に乖《そむ》く。故に孟子学者の為に諄々然として、丁寧詳悉、復余蘊《ようん》なし。故に七篇の義に通じて、然る後論語の理、始めて明らかなるべし。

（『童子問』上・七）

程朱の諸家、仁義礼智の理に於いて差有るを免れざる所以のものは、蓋しこれを孟子に原づくることを知らずして、徒に論語言詞の上に就いて仁義礼智の理を理会するが為のみ。孟子曰く、「惻隠の心は、仁の端なり。羞悪の心は、義の端なり。辞譲の心は、礼の端なり。是非の心は、智の端なり。人の四端有るや、なおその四体有るがごとし」。又曰く、「人皆忍びざる所有り。これを忍ぶ所に達するが仁なり。人皆為さざる所有り。これをその為す所に達するが義なり」と。学者この二章に就きてこれを求むるときは、則ち仁義礼智の理に於いて、自ずから釈然たらん。

【訳】程子や朱子などの諸家が仁義礼智の義理の理解において違ってしまっているのは、仁義礼智の義理を『孟子』に基づけて解することを知らずに、ただ『論語』の言葉の上で理解しようとするためである。孟子はいっている。「惻隠の心は、仁の端である。羞悪の心は、義の端である。辞譲の心は、礼の端である。是非の心は、智の端である。人に四端の心のあるのは、ちょうど人に四体があるのと同様である」（公孫丑上）。またこうもいう。「人には他人の不幸を見るに忍びない心がある。その心をどのような場合にも推し及ぼしていくのが仁である。人には不義はしてはならないとする心がある。その心をあらゆる場合に当てはめていくのが義である」（尽心下）と。学習者はこの二章によって仁義礼智の義理を求めていけば、釈然たる理解に自ずから達するだろう。

その意以為《おもえ》らく、人のこの四端有る、即ち性の有する所、人人《じんじん》具足し、外に求むるを待たず。なお四体のその身に具うるがごとし。苟も拡げてこれを充大するときは、則ち能く仁義礼智の徳を成す。なお火の始めて燃ゆる、自ずから原を燎《や》くの熾《さか》んなるに至り、泉の始めて達する、必ず陵《おか》に襄《のぼ》るの蕩《とう》たるに至り、漸漸循循、その勢い自ずから已む能わざるがごとし。後の一章に至って、その義尤も分明、復疑うべき無し。所謂「人皆忍びざる所有り」「為さざる所有る」ものは、惻隠・羞悪の二端なり。而して「これをその忍ぶ所、為す所に達して、後能く仁たり、義たる」と謂うときは、則ち見る、四端の心はこれ我が生の有する所にして、仁義礼智は即ちその拡充して成る所なることを。

【訳】孟子のいうことの意味はこうである。人が四端の心を具えるのは、その生まれつきの性質としてである。人はみなこれを具えていて、外に借りることがないのは、ちょうど人が四体を身に具えているのと同様である。この四端の心を拡げ、充実させるならば、そのとき仁義礼智の徳は成就するのである。その徳の成就のさまは、火が燃え始めてやがて燎原の炎として燃えさかり、泉が流れ出てやがて岳を沈めるほどに溢れ流れるように、漸漸循循として、その勢いを止めえないほどである。さらに『孟子』の後の一章によって、仁義礼智の義理はいっそう分明であり、疑うべきところはない。孟子はいう「人には他人の不幸を見るに忍びない心がある」「不義をしてはならないとする心がある」というのは、惻隠・羞悪の二つの端《はじめ》をなす心である。さらに、「この心をあらゆる場合に推し及ぼし、当てはめていって後に、仁であり、義であるのだ」というのを見れば、四端の心とはわれわれの生まれつき有するものであり、仁義礼智とはその四端の心を拡充して成るものであることは明かである。

【評釈】この四端の心の拡充によって仁義礼智の徳が成ると説くこの第二条を考えるに当たって、第三条冒頭の文章を予め見ておく必要がある。

仁義礼智の四者はみな道徳の名にして、性の名に非ず。道徳とは徧《あまね》く天下に達するを以て言う。一人の有する所に非ず。性とは専ら己れに有るを以て言う。天下の該ぬる所に非ず。

（「仁義礼智」第三条）

仁斎ははっきりと仁義礼智は道徳の概念であり、性の概念ではないといっているのである。さらに道徳とは天下に達する普遍的なものであり、性とは己れの有するものという一己的なものだという。これは朱子における本体としての性（本然の性）が具える仁義礼智というとらえ方を否定するものである。道徳（仁義礼智・天下の概念）と性（一己の概念）とは切り離される。かく切り離されたところから、あらためて天下の道徳とそれぞれの性を有する個別の人がどう連なるのかが問われるのである。この問題を解く鍵を仁斎は『孟子』に見出しているのである。それが仁斎の引く『孟子』の二つの文章である。

惻隠の心無きは、人に非ざるなり。羞悪の心無きは、人に非ざるなり。辞譲の心無きは、人に非ざるなり。是非の心無きは、人に非ざるなり。惻隠の心は、仁の端《はじめ》なり。羞悪の心は、義の端なり。辞譲の心は、礼の端なり。是非の心は、智の端なり。人のこの四端あるは、猶その四体あるがごときなり。……凡そ我に四端有る者、皆拡めてこれを充（大）にすることを知らば、則ち火の始めて燃え、泉の始めて達するがごとくならん。（公孫丑上）

人皆忍びざる所（惻隠の心）あり、これをその忍ぶ所に達（推し及）ぼせば、仁なり。人皆為さざる所（羞悪の心）あり、これをその為す所に達ぼせば、義なり。（尽心下）

（小林勝人校注『孟子』岩波文庫）

道徳は天下をもっていう

仁斎はいま仁義礼智を人間世界の普遍的な規範概念として再構成しようとする。仁義礼智は、心に有する徳から天下の道徳概念へと転換される。これは仁義礼智を本性概念とする朱子学との決定的な対決を意味している。しかしこれは理論的には難しい転換作業である。ことに性善を説く孟子は、仁義の規範性をいいながらも、なお人性的基礎の上にそれを置こうとする。『論語』の意義付けの言語を『孟子』に見出していく仁斎は、この道徳概念の再構成作業のなかで、孟子の性善説的立場をどう理解していこうとするのか。

◇「仁義礼智」第三条

―仁義礼智の四者はみな道徳の名にして、性の名に非ず。道徳とは徧《あまね》く天下に達するを以て言う。―

一人の有する所に非ず。性とは専ら己れに有るを以て言う。天下の該《か》ぬる所に非ず。これ性と道徳との弁なり。

【訳】仁義礼智の四者はみな道徳の概念であって、性の概念ではない。道徳とは遍く天下に行きわたることをもっていうのである。それは一人の有するものではない。それに対して、性とはもっぱら己れの有するものとしていうのである。天下が博く備えるものではない。これが性と道徳との弁別である。

【評釈】仁斎ははっきりと仁義礼智は道徳の概念であり、性の概念ではないといっている。道徳とは天下に達するという普遍性による概念であり、性とは己れの有するものという一己性による概念だという。道徳（仁義礼智・天下の概念）と性（一己の概念）とは、このように切り離される。道徳と人性とがかく切り離されるところから、道徳の学ははじめて心性論的境位を離れて客観的な道徳規範をめぐる倫理学として成立する可能性をもつのである。

易に曰く、「人の道を立つ、曰く、仁と義と」。中庸に曰く、「智仁勇の三者は天下の達徳なり」と。孟子に曰く、「既に飽くに徳を以てす、とは仁義に飽くを言うなり」と。仁義の道徳の名たること、彰々たり。漢唐の諸儒より、宋の濂渓先生に至るまで、みな仁義礼智を以て徳として、未だ嘗て異議有らず。伊川に至って始めて仁義礼智を以て性の名として、性を以て理とす。

これよりして学者はみな仁義礼智を以て理とし、性として、徒にその義を理会し、また力を仁義礼智の徳に用いず。その工夫受用に至っては、則ち別に持敬・主静・良知を致すなどの目を立て、また孔氏の法に狥《したが》わず。これ予の深く弁じ、痛く論じ、繁詞累言、聊《いささ》か愚衷を罄《つ》くし、以て自ら已むこと能わざるものは、実にこれが為なり。

【訳】『易』には、「人の道を定めて、仁と義という」(説卦)とある。『中庸』では、「智仁勇の三者は、天下に通達する徳である」といわれている。『孟子』に、「詩に「すでに徳に飽く」というのは、仁義に飽くをいうのだ」(告子上)とある。これらによって見れば、仁義とは道徳の概念であることは明らかだ。漢唐の諸儒から、宋の周濂渓先生にいたるまで、みな仁義礼智を徳とし、それに異議をいうものはなかったのである。ところが、程伊川にいたってはじめて仁義礼智を性の概念とし、性は理と同一とされた。これより学者たちはみな仁義礼智を理とし、性として、もっぱら仁義礼智の性理学的な意義の理解に力を注ぎ、徳としての仁義礼智に努めようとはしなかったのである。そこから仁義礼智の心的工夫、実践的受用として「持敬」とか「主静」とか「良知を致す」などの箇条を別に設けて、孔子が伝える教法に従おうとしないのである。私がここで深く掘り下げて弁じ、てきびしく論じ、多くの言葉を費やして止むことがないのは、これがためである。

【評釈】仁義礼智が本性的概念となるのは、程伊川・朱子に始まることがいわれている。この指摘は朱子学という性理学的思惟の批判的解体作業にとって重要である。仁斎は、仁義礼智を人間の本性（道徳性）だとするような存在論的な道徳性概念は、孔子に由来するものではなく、程子・朱子による近世的なものであることを明らかにするのである。性理学という存在の根拠づけにかかわる存在論的哲学の成立と、本性論的な仁義礼智概念の成立とは同時的である。かくて朱子性理学の批判的解体作業が、仁義礼智を本性内部から解放し、公共的な道徳規範的概念として再構成することを可能にするのである。

或るひとの曰く、伊川何を以て仁義礼智を謂いて性とするや。蓋し孟子の「仁義礼智、外より我を鑠《とか》すに非ず。我固《まこと》にこれ有り」という、及び「仁義礼智、心に根ざす」の語を観て、以為《おも》えらく、仁義礼智はこれ性と。而して再び孟子の意の在る所に推し到らず。殊《た》えて知らず、その所謂固有と云うものは、固《まこと》にこれを性と謂うと自ずから同じからず。蓋し孟子の意以為えらく、人必ず惻隠・羞悪・辞譲・是非の心有り。この四つのものは人の性にして善なるものなり。而して仁義礼智は天下の徳にして善の至極なるものなり。苟も性の善を以て天下の徳を行うときは、則ちその易きこと、猶地を以て樹を種え、薪を以て火を燃やすがごとし。自ずから窒礙《ちつがい》する所無し。故に惻隠・羞悪・辞譲・是非の心を拡充するときは、則ち能く仁義礼智の徳を成して、四海の広きと雖も、自ずから保ち易きもの有り。

【訳】あるひとが、程伊川は何を根拠にして仁義礼智をもって性とするのかと問うた。思うに、孟子が「仁義礼智は外から私を鍍金するものではなく、私はこれを固有しているのだ」（告子上）という言葉や、「仁義礼智は心に根ざす」（尽心上）という言葉によって伊川は、仁義礼智を性と考えたのである。そしてそれ以上に伊川は孟子の意のある所を推し求めることをしなかった。それゆえ孟子の「固有」というのは、ほんとうに仁義礼智を性ということとは同じではないことを理解しなかった。孟子は次のように考えているのだ。人には必ず惻隠・羞悪・辞譲・是非の心がある。この四つの心は人の生まれつきとしての性であり、善である。もしこの人の生まれつきの性の善をもって、天下の道徳を行おうとするならば、それは丁度、地によって植物を育成し、薪によって火を燃やすように容易である。その自ずから成長拡大する勢いを妨げるものはない。それゆえ惻隠・羞悪・辞譲・是非の心を拡充するならば、よく仁義礼智の道徳を達成し、四海のごとく広い世といえども十分安寧に保つことができるのである。

【評釈】程伊川の道徳本性論は、孟子の言葉に依拠することがいわれる。たしかに孟子は、「君子の性とする所は、仁義礼智、心に根ざす」（尽心上）といい、「仁義礼智外より我を鑠かすに非ず。我固《もと》よりこれ有り」（告子上）といっている。「我固有之也」を仁斎は、「我固《まこと》にこれ有り」と読むが、一般に朱子学系では「我固よりこれ有り」と読んでいる。これからすれば仁義礼智とは、本来的に所有する性と同一の概念となる。孟子の言葉は、その性善説とともに道徳本性説を支持するものであるようだ。仁斎がいま伊川の道徳本性説を否定しようとするならば、それを支える孟子の言葉が読みかえられねばならない。仁斎はではどのように読みかえるのか。まず性を、性即理という本体論的概念から、四端の心すなわち対他的な、あるいは外の世界と関わる心、人間的活動性をもって生まれついている心という心性概念へと転換させる。この活動的心性による道徳的達成を仁斎は、泉が四海に注ぐような大河となり、一寸の火が燎原の炎として燃え拡がる自然な勢いをもった道徳の拡充過程として説くのである。この仁斎の四端の心による道徳拡充説を、われわれの言葉をもって理論的に再構成するのは難しい。詩的表象をもって語られるこの道徳拡充説を、あえて倫理学的に再構成してみるよりは、こうした詩的言語によって仁斎が何をいおうとしているかを考えるべきだろう。仁斎は仁義礼智を人間世界がそれによって支えられるような公共的な道徳性としてとらえ直した。ではその仁義礼智とそれぞれの人はどのように関わるのか。両者をつなぐものは何か。近代の倫理学は人びとの側に道徳的意志なり、規範意識を前提するだろう。仁斎は人びとの側に四端の心を見るのである。それは惻隠の心すなわち他者との共感共苦の同情心をもって代表される人間の対他的に働く道徳的心情である。人間はこの四端の心をもって生まれついているとして、仁斎はこれを性（生まれつき）というのである。それゆえ性とは善だと彼はいうのである。仁斎はこの人間の性である四端の心の拡充成長によって人間世界における道徳性（仁義礼智）の充実的達成があることをいうのである。

――蓋し人の性善ならざるときは、則ち仁義礼智の徳を成さんと欲すと雖も得ず。唯それ善なり。――

故に能く仁義礼智の徳を成すを得。故に仁義は即ち吾が性〔(欄外補筆)と謂いて可なり〕。吾が性は即ち仁義〔と謂うもまた可なり。但し仁義を以て性中の名とするは、則ち可ならず。〕所謂「固有」というものの意は、蓋し此くの如し。〔(削除)仁義を以て性中の名とするに非ず。〕その理、甚だ微なり。所謂毫釐千里の差、実に此に在り。学者、熟読体察せざるべからず。而して所謂「心に根ざす」というものは、もと覇に対して言う。それ覇者の仁義を行うは、皆これを仮り、以て己れの欲を済《な》す。而して己れの真有に非ず。王者の政を行うや、ただ外仁義に由って行うに非ずして、実に中心に根柢す。而して往くとして仁義礼智に在らずということ無し。故に曰く、「心に根ざす」と。その義、あに明かならずや。

【訳】思うに人の性が善でなければ、仁義礼智の道徳を達成しようとしても、それはできない。だが性とはまさに善である。それゆえこの性により仁義礼智の道徳の達成をなしうるのである。だから仁義とはすなわちわが性〔(欄外補筆)といってよいのである〕、わが性はすなわち仁義〔ともいってよいのである。ただし仁義をもって性中に具える概念とするのはよくない〕。孟子のいわゆる「固有」とはこの意である。〔(削除)仁義をもって性中に具える概念とするのではない。〕これを区別する道理は、はなはだ微妙である。この微妙を間違えることから生じる違いは大きい。まさに毫釐千里の差である。学者たるもの熟読体察しなければならない。そして孟子が「心に根ざす」という言葉は、もともと覇者に向けられたものである。覇者が仁義を行うのは、これを仮りて己れの政治欲の実現を図るためである。王者はただ仁義に基づいて政治を行うのである。仁義は王者の中心に根柢し、その行うところ仁義礼智にあらざるものはない。それゆえ孟子は、「心に根ざす」というのである。孟子がかくいうことの意味は明かではないか。

【評釈】道徳本性論を支えた孟子の仁義と性をめぐる説は仁斎によってこのように読み直される。ことに仁義は「心に根ざす」という孟子の言説を覇者に対する王道論としてとらえていることに注目したい。これは孟子の仁義論を政治的言説として見ることではない。すべてを政治的思慮によってするのが覇道であり、王道とは非政治的な、道徳的思慮に根柢するものであることをいっているのである。

◇「仁義礼智」第四条

聖賢仁義礼智の徳を論ずる、本体よりして言うもの有り、修為よりして言うもの有り。その本体よりして言うものは、書に曰く、「義を以て事を制し、礼を以て心を制す」、及び〔（補筆）論語に曰く、「我仁を欲すれば、斯に仁至る」〕、孟子に所謂、〔（補筆）仁は人の安宅なり。義は人の大路なり」、及び「仁に居り義に由る、大人の事備わる」、及び〕「君子は仁を以て心を存し、礼を以て心を存す」等の語のごとき、皆これなり。その修為よりして言うものは、四端の章、及び「人皆忍びざる所有り、これをその忍ぶ所に達するは仁なり」等の語のごとき、これなり。本体と云うものは、即ち徳の本然、天下古今の達徳を謂うなり。修為と云うものは、乃ち人能く仁義礼智の徳を修めて、その身に有るを指して言う。

【訳】聖賢が仁義礼智の徳を論じるのに、本体からいう場合があり、修為からいう場合がある。仁義礼智を本体からいうのは、『書経』の「義をもって事行を制し、礼をもって心情を制す」（商書・仲虺《ちゅうき》の誥《こう》）や、（補筆）『論語』の「われ仁を欲すれば、ここに仁至る」（述而）の言葉、また『孟子』でいわれている（補筆）「仁は人の安宅であり、義は人の大路である」（離婁上）、および「仁に自らを位置づけ、義に依って行う。大人たる要件はすでに備わっている」（尽心上）、および「君子は仁をもって心を保持し、礼をもって心を保持する」（離婁上）などの言葉に見られるのがそうである。仁義礼智を修為からいうのは、『孟子』の四端の章や、「人にはだれにも忍ぶことのできないことがある。それを忍ぶことのできることにまで及ぼすのが仁である」（尽心下）などといわれる場合である。本体というのは、道徳の本然であり、天下古今に通じる道徳をいうのである。修為というのは、人が仁義礼智を修めて、己れに成る徳をいうのである。

【評釈】本体（本来性）と修為（実践性）という体用論的な用語を仮りながら仁斎は仁義礼智という道徳の二面をいおうとする。すなわちそれが天下の道徳的標準としてあるあり方を本体といい、それを標準とした行為を通じて己れに徳として成就されるあり方を修為という。これは仁義礼智を道徳的標準としての公共的な概念を仁斎は一方で構成しながら、なお四端の心の拡充による仁義礼智の己れにおける道徳的達成を説くという論理的な矛盾を、仁義礼智の本体と修為の二面性としていっているると思われる。

■第七講「心」

生き物である人間の心――「心」第一条〜第四条――

『論語』では主題として心が語られることはない。わずかに、「七十にして心の欲する所に従いて矩《のり》を踰えず」(為政)と孔子はいい、あるいは「回やその心三月仁に違わず」(雍也)といい、また「飽くまで食らいて日を終え、心を用うる所なし。難いかな」(陽貨)ともいっている。しかしこれらの孔子の言葉は主題として心をいうものではない。心とは欲する心であり、順う心であり、用いる心である。だが孟子にいたると心は主題を構成する形で語られていく。孟子は「惻隠の心なきは、人に非ざるなり」(公孫丑)といい、「その心を尽くすものは、その性を知るなり。その性を知れば、則ち天を知る。その心を存し、その性を養うは天に事うる所以なり」(尽心)というのである。心はまさしく主題化されている。心が主題化されるというのは、心をいうことで一つの根本的な命題が構成されるということである。尽心篇首章のこの文章などはまさしく孟子哲学の重要な命題でもある。そして朱子はこの孟子の命題を性理学的な体系において解釈していくのである。

心とは人の神明、衆理を具え、万事に応ずる所以なり。性とは則ち心の具える所の理なり。而して天もまた理の従《よ》りて以て出ずる所のものなり。人この心あるは、全体に非ざるなきなり。然れども理を窮めざれば、則ち蔽わるる所ありて、以てこの心の量を尽くすことなし。故に能くその心の全体を極めて尽くさざることなきものは、必ずその能くかの理を窮めて、知らざることなきものなり。すでにその理を知れば、則ちその従りて出ずる所もまたこれに外ならず。

（『孟子集注』）

ここにあるのは心性論的言語からなる世界である。それは心性概念を根本的なものとし、それを基盤にした言語によって語り出されていく世界である。この言語は近世日本の儒家神道をも構成していく。こうして近世日本における形而上学的であり、宗教的でもある内面的世界が心性論的言語をもって構成されていったのである。若き仁斎が苦しみながら、そこから脱出しようとした世界でもあった。いま仁斎は彼自身が苦しんだ心性概念の解体作業を展開するのである。仁斎の解体作業は、朱子が己れの側に解釈して心性論的世界を構成していった孟子を孔子との思想的血脈関係で読もうとするのである。

有情の類はみな心あり

◇「心」第一条

心とは人の思慮運用する所、本、貴なくまた賤なし。およそ情有るの類、皆これ有り。故に聖人は徳を貴んで心を貴ばず。論語中で心を説くもの、纔かに「その心、三月仁に違わず」、及び「心の欲する所に従いて矩を踰えず」、及び「簡《えら》ぶこと帝の心に在り」の三言あるのみ。皆心を以て緊要と為さず。孟子に至りて多く心を説く。然れどもまた皆仁義の良心を指して言う。特に心を説かず。曰く、「本心」、曰く、「存心」、これなり。大凡、仏氏及び諸子、盛んに心を言うものは、本、徳の貴ぶべしとすることを知らずして、妄意杜撰《もういずさん》するのみ。孔孟の旨と実に霄壌《しょうじょう》なり。

【訳】心は人が思慮運用する（考えめぐらし、働かす）ところで、特別に貴いものでも卑しいものでもない。およそ有情の生き物はみな心をもっている。それゆえ聖人孔子も徳行を尊重して、心を尊重することはないのである。『論語』中で心をいうのは、わずかに「その心、三月の間仁に違うことはない」（雍也）と、「心の欲するままにして、矩を踏み外すことはない」（為政）と、「帝の心のままに選ぶ」（堯曰）の三言だけである。この三言中の心をみな重要なものとしているのではないのである。孟子にいたって心を多くいうようになった。だがそれらもみな仁義に向かう良心を指していうのである。「本心」（「本心を失う」告子上）といい、「存心」（「その心を存し性を養う」尽心上）というのが、それである。およそ仏氏や諸子の盛んに心をいうものは、徳行こそ尊重すべきことを知らずに、心性を大事にするという間違いを犯しているのである。孔孟の趣旨と天と地ほどの隔たりがある。

【評釈】有情の類、すなわち生き物はすべてみな心をもつと仁斎はいう。これは重要な発言である。

儒家哲学では「心は人身の主宰」というように人間の中心的概念として心はあった。仁斎はその「心」を生き物ならすべてもつものという生物種的な心概念としていう。そのことによって心の人間における中心的概念としてのあり方を崩そうとする。それとともに心は生き物における生動性あるいは活物性をえてくるのである。ところで仁斎は、孟子がすでに心の主題化の方向へ歩み出ているとは見ていない。孟子の心の説を、人間の徳行に関わる良心・四端の心の説として見ようとしているのである。

◇「心」第二条

横渠《おうきょ》曰く、「心は性情を統《す》ぶ」と。非なり。孟子曰く、「心を存し性を養う」、又曰く、「心を動かし性を忍ぶ」と。これを以てこれを観れば、心は自ずからこれ心、性は自ずからこれ性、指す所各《おのおの》殊なり。もし心を以て性情を統ぶとするときは、則ち単に心を言うて可なり。既に「心を存す」と言うて、又「性を養う」と言うときは、その言豈贅に非ずや。而して偏えに「性を養う」と言うて、情字を遺《のこ》すときは、則ちその言、亦偏なり。蓋し性を養うときは、則ち情自ずから正し。別に情を修むる工夫を用いず。

【訳】張横渠は、「心は性と情とを統一する」という。これは誤りだ。孟子は、「心を存し性を養う」（尽心上）といい、また「心を動かし性を忍ぶ」（告子下）という。この孟子の言から考えれば、心は自ずから心であり、性は自ずから性であり、心と性とはそれぞれによって指し示すところは異なっている。もし心が性と情とを統一するのであれば、ただ心だけをいえばよいので、別に性をいうには及ばないはずだ。すでに「心を存す」といって、さらに「性を養う」といえば、それは贅言となってしまうではないか。しかもただ「性を養う」とだけいって、情を言い残すのは、これもまた偏りとなる。思うに、孟子が「性を養う」とだけいうのは、性を養い育てるならば、情もまた自ずから正しいので、別に情を正しくする工夫を要しないからであろう。

心は性情を統ぶ

【評釈】張横渠の「心は性情を統ぶ」という心概念は、朱子において理気・体用二元論的な心的構造論を構成していく。性とは心の本体をなし、それは理である（性即理）。この性を本体とした心が働き・動き（気・作用）として外に発現するのが情である。仁義礼智は性が具えるとされる。性とは心の本体としての道徳性である。四端の心（惻隠・羞悪・辞譲・是非の心）は外に現れる心として情とされる。情には七情（喜・怒・哀・懼・愛・悪・欲）もある。情には四端の心のような肯定的なものだけではなく、憤怒・憎悪・嫉妬や欲望などといった否定的な感情がある。その方が強いといえる。そこから仁斎が触れているような情を正しくする工夫が求められてくることになる。ともあれ「心は性情を統ぶ」というテーゼは、朱子においてこのような心的構造論を構成することになる。これは心の本性の善を前提にした心的構造論である。これはまた人間とは本来的には、その本性のあり方からして正しいという本来主義的人間観をも導くことになる。だがこの本来主義的人間観にとって、現世的存在に免れないあの否定的な感情や避けがたい悪への危険や悪との遭遇は解きえない難問となる。本来的に善であることから、なぜ悪があるのか。この難問から救うには、現世的存在を非本来的あり方に堕ちた存在と見るしかない。現世的存在であるとは、本来性を失って悪への危険や誘惑につきまとわれた存在になることである。本来主義的立場は、多かれ少なかれ現世的存在をこのように考えようとする。人間とは肉体に堕した存在と見るのである。朱子の場合もほぼ同じである。人間という身体的形象をもたらす気に否定的契機を見ることになる。だが気によってはじめてこの身心を具えた人間という存在があるのであれば、その気をすべて否定的とすることはできない。そこから気に精粗ありといったり、正しい情と不正な情を区別して情の抑制が考えられたりするのである。いずれにしろ本来主義は、現世的存在の一己的・身体的契機（私の感情・欲求）の抑制的工夫（禁欲的修行）による本来性への復帰を求めようとするのである。

仁斎が解体しようとしているのは、こうした本来主義的人間観を導く心的概念であり、心的構造論である。仁斎がこの心的構造論の解体作業を通して、どのような心・性・情概念を提示していくのか、『字義』の議論の展開を追っていこう。

◇「心」第三条

心を論ずる者は、まさに惻隠・羞悪・辞譲・是非の心を以て本とすべし。それ人のこの心有るや、なお源有るの水、根有るの草木のごとく、生稟具足、触るるに随いて動き、愈《いよいよ》出でて、愈《いよいよ》竭《つ》きず。愈《いよいよ》用いて、愈《いよいよ》尽きず。これ則ち心の本体、豈これより実なるもの有らんや。今乃ち心を以て虚とする者は、皆仏老の緒余にして、聖人の道とただに薫蕕《くんゆう》のみにあらず、学の講ぜざること、一にここに至る。懼《おそ》るべきかな。

【訳】心を論じるものは、まさに惻隠・羞悪・辞譲・是非の心（四端の心）を本源として論じなければならない。人がこの四端の心をもっているのは、ちょうど流れる水に源があり、生える草木に根があるのと同じである。人は生き物としてその心を生まれつき具えていて、物事に触れるにしたがって動き、ますます生まれ出て終わることなく、ますます用いても尽きることがない。これこそ心の本体というべきものであり、これ以上に実有であるものはない。当今、心を空とするのは、仏老の名残りであって、薫り高い聖人の道に遠く隔たる悪臭の道である。聖人の学が講究されない結果がここにいたったのである。憂れうべきことである。

【評釈】四端の心を本源として心を考えよと仁斎はいう。四端の心が本源であるのは、草木の根と同じだという。草木はそこからたえず生え出るのである。根とは発出力・成長力の本源であり、根の性質は発出性であり成長性である。四端の心とはそういう根である。それが心の本体だと仁斎はいうのである。人間はこの根をもって生まれついているのである。つまり四端の心という成長性を心にもって人は生まれついているというのである。仁斎はこの心の生まれつきを性というのである。

◇「心」第四条

明鏡止水の四字は本《もと》荘子に出づ。聖人の書に於て本この語無し、亦この理無し。先儒これを以て聖人の心に喩《たと》う。吾その益《ますます》天淵なることを観る。周公三王を兼ねて以て四事に施さんことを思い、合《かな》わざることあれば、仰いでこれを思い、夜を以て日を継ぐ、幸にしてこれを得れば、坐して以て旦《あさ》を待つ。孔子喪有るものの側《かたわら》に食するときは、未だ嘗て飽くまでにせず。子この日に於て哭するときは、則ち歌わず。何んぞその明鏡止水たることを見る所ならんや。

【訳】明鏡止水の四字はもともと『荘子』に出るものである。聖人の書にこの語はもともとないし、この語をもっていわれる道理もない。先儒はこの語をもって聖人の心の譬えにしている。だが私は聖人とこの譬えとの間の隔たりはますます大きく天淵の如くだと見る。かつて周公は、「禹・湯・文武三代の聖王を兼ねて、四聖の行った四条を実施しようとした。うまく実行できないときは、天を仰いで熟考し、夜に日を継いでこれを思い、幸いによい工夫を思いつくにいたれば、坐して朝を迎え、直ちにそれを実施しようとした」（『孟子』離婁下）という。また孔子は、「親族を喪った人の傍らで食事されるときは、決して十分に食べることなどなかった。また葬式で哭されたときは、歌うことはしなかった」（『論語』述而）という。政事にかくまで心を用い、周囲にかくまで心遣いをするのが聖人であるとするなら、その心をどうして明鏡止水などに譬えられようか。

それ聖人の道は彝倫《いりん》を以て本とし、恩義を以て結びとす。千言万語皆これを以て教えとなさざることとなし。今それ仏老の教えをなすや、清浄を以て本とし、無欲を道とし、工夫既に熟するに曁《およ》びては、その心明鏡の空しきがごとく、止水の湛《たた》えたるがごとく、一疵《いっし》存せず、心地潔浄、ここに於て恩義先ず絶え、彝倫尽く滅ぶ。君臣・父子・夫婦・兄弟・朋友の交わりを視ること、なお弁髦《べんぼう》・綴旒《ていりゅう》のごとく然り。聖人の道と相反すること、なお水火の相入るべからざるがごとし。

【訳】聖人の道は日常人倫の道を本とし、恩愛と義理の道を結びとしている。千言万語もこれを本とし、これを結びとして教えるものでないものはない。ところが現今の仏老の教えとされるのは、心の清浄を本とし、無欲をそれにいたる道とし、修行が達成した暁には、その心は明鏡のごとく一物も残さず空となり、止水を湛えたように波立たず、一疵も存することのない、心地潔浄の境地に達する。ここにおいては恩愛義理の関係はまず絶たれ、日常人倫の道はことごとく滅びてしまう。君臣・父子・夫婦・兄弟・朋友の交わりも、あたかも古い冠り物や旗切れのように見捨てられる。仏老の聖人の道に反することは、水火の相入れないことと同様である。

【評釈】仁斎がここで「聖人の道は彝倫《いりん》を以て本とし、恩義を以て結びとす」といっていることに注意される。「恩義」を私は恩愛と義理と訳したが、仁斎がこの語をもって念頭にしているのは、父子・君臣という恩愛と義理からなる人間関係であるだろう。仁斎にとって聖人の道とは徹底して日常人倫の道である。

生物を以て生物に比すべし

それ草木は生物なり。流水は活物なり。寸苗《すんびょう》の微と雖も、然れどもこれを養いて害せざるときは、則ち以て雲に参《まじ》わるべし。源泉の小と雖も、然れども進みて止まざるときは、則ち以て四海に放《いた》るべし。人心も亦然り。養いて、害せざるときは、則ち天地と並び立ちて参《さん》たるべし。故に孟子の心を論ずる、毎《つね》に流水萌蘖《ぼうげつ》を以て比となして、未だ嘗て明鏡止水を以て譬えとなさず。何んとなれば、生物を以て生物に比すべくして、死物を以て生物に喩うべからざればなり。虚霊《きょれい》不昧《ふまい》の四字、亦禅書に出づ。即ち明鏡止水の理なり。学者、明弁極論して、以てその是非得失の究まる所を洞知せずんばあるべからず。

【訳】草木は生物であり、流水は活物である。一寸の苗であっても、それを養い育て、損なうことがなければ、雲にも達するであろう。小さな源泉であっても、止むことなく流れ出れば、四海に達する大河にもなるであろう。人の心もまた同様である。それを養い育て、損なうことがなければ、天地に並び立つ聖人にもなりうるのである。それゆえ孟子は心を論じて、その譬えに流水と萌蘖《ぼうげつ》(芽生え)をもってして、決して明鏡止水で譬えることはなかったのである。なぜなら生物を譬えるのに生物をもってすべきであり、死物をもってすべきではないからである。朱子は「虚霊不昧」の四字をもって衆理を具え万事に応じうる心の明徳をいうが(『大学章句』)、これもまた禅書に出る語で、明鏡止水の意である。聖人の道を学ぶものは、はっきりと見分け、論じ極めて、是非善悪のぎりぎりまでを見きわめねばならない。

【評釈】心とは活物・生物である人間の心である。それを語る言語も活物的言語でなければならない。活物である心を死物・静物をもって喩えてはならない。それはただ譬喩の間違いですむものではない。それは正を邪とし、西を東だとするような間違いであり、人びとをどれほど誤らせるか計り知れないと仁斎は『童子問』でいっている。

蓋し道や、性や、心や、皆生物にして死物に非ず。故に生物を以て喩うべくして、死物を以て比すべからず。もし死物を以てこれを比するときは、則ちただに引喩当を失するのみに非ず、必ず邪を以て正とし、西を認めて東とし、その人を錯らざるものは鮮《すく》なし。（『童子問』下）

■第八講「性」

人は善に進む運動性向をもって生まれている
――「性」第一条・第二条――

人性あるいは心性という「性」の概念についても『論語』で語られることはほとんどない。『論語』で子貢は「夫子の文章は得て聞くべし。夫子の性と天道を言うは、得て聞くべからず」（公冶長）といっている。朱子はこれを解釈してこういっている。孔子は性と天道の深い意味を解しうるものにのみ語ったのである。子貢は孔子から初めてそれらについての言葉を聞くことをえて、その素晴らしさに感歎しているのであると。しかしこれはすでにみずから性や天道概念がもつ深い意味を知るもの、あるいは深い意味においてそれらの概念を再構成しているものがする解釈であるだろう。やはりこの子貢の言葉は、「先生は人性や天道について語られることはほとんどなかった」と素直に解すべきだろう。孔子にとって性や天道は主題として語り出すような問題としてあったのではなかったのである。諸橋轍次はこう解している。「これはたまたまある場合に孔子が人性か天道かについて語った時に、（子貢がそれを聞き）打よろこんでいった言葉であろう。孟子などになると、人性を論ずること極めて詳しく、又中庸などでは天道を説くこともかなり多い。しかも孔子の場合は、論語を通じて見ても殆どこれに言及しておらない。それだけに孔子の教は、抽象的な議論を避けて、日常彝倫の道（人の常に守るべき道）に即した着実なものであったと見られる」（『論語の講義』）。

たしかに孔子は性と天道とを後の儒家のように主題として語ることはなかった。だが孔子がまれにいわれる性と天道についての言葉は、たやすく聞くことのできない重い意味をもったものだと仁斎はいうのである。仁斎は朱子とは別の形で孔子のまれにいわれる性と天道についての言葉には見逃すことのできない大事な考え方なり、精神的姿勢がいわれているというのである。子貢の「夫子の性と天道を言うは、得て聞くべからず」という言葉をめぐる『論語古義』における仁斎の注釈の言を私の現代語訳によって見てみよう。

夫子が人に教えるに、その詩書礼楽の説は燦然として明らかに、これを聞いて理解することができる。ただ夫子の性と天道については、これを聞いて夫子の心をはっきりと理解することはできない。思うに聖人孔子は篤く善を好む。それゆえ人性がみな善に進むことができ、天道は必ず善人を佑《たす》けることを知るのである。それゆえ孔子は性について、「性相近し、習い相遠し」といわれたのである。また天道について、「天徳を我に生ぜり。桓魋《かんたい》それ予を何如んと」といわれたのである。しかしながらこれらの言葉を実際の人間世界のあり方に即して見れば、人性のすべてが善に向かうといい、天道は必ず善人を佑けるということに疑いが生じるだろう。それゆえ私はこう考える。道を信じ、徳を好むことの至極にいたらなければ、人性はすべて善に進み、天道は善人を佑けるものであることを信じることはできないだろうと。子貢が「夫子が性と天道をいわれるのは、聞いて理解することはできない」といったのはそれゆえである。

仁斎は人性も天道もその形而上的な本体論的概念としての意味について孔子から容易に聞くことはできないといっているのではない。仁斎は人性と天道をめぐるそうした朱子学的な概念構成を徹底して解体しようとする。そうした解体作業を通じて浮かび出てくるのは、道徳的行為者にとっての、それなくしては道徳行為も可能にならないような実践的理念の性格をもった人性と天道の概念である。理念とは実践者にその行為の意味を与え、それを可能ならしめるような概念である。すでにわれわれは『語孟字義』冒頭の「天道」章において、天道概念が仁斎によって「生生一元的天道」として理念的に再構成されるのを見た。天道の理念的再構成とは、天道概念が実践者にとっての宇宙論的な〈目的〉的理念として再提示されることを意味している。「それ善とは天の道、故に易に曰く「元とは善の長なり」と。けだし天地の間、四方上下、渾渾淪淪、充塞通徹、内無く外無く、この善にあらずということなし」（「天道」第六条）。仁斎はここでまず朱子学における本体論的な性概念を解体する。その上で善に向かうように生まれついている人のあり方を性としていうのである。人は善に向かう運動性向をもって生まれついているのである。これを「性善」といえば、それは本性において人間は善であることをいうのではなく、人は善に向かう生生的運動体として心身的に生まれついていることを意味している。とすれば「性善」もまた仁斎によって「生生一元的人道」観をもって再構成された実践的理念だということができる。

◇「性」第一条

性は生なり。人その生ずる所にして、加損する所無きものなり。董子曰く、性とは生の質なり。周子、剛善・剛悪・柔善・柔悪・剛ならず柔ならざるを以て中なる者を以て五性とす、これなり。猶梅子《ばいし》は性酸し、柿子《しし》は性甜《あま》し、某の薬は性温、某の薬は性寒と言うがごとし。而して孟子又これを善と謂うものは、蓋し人の生質万同じからずと雖も、その善を善として、悪を悪とするは、則ち古今と無く、聖愚と無く一なるを以てなり。気質を離れてこれを言うに非ざるなり。

【訳】性とは生である。人が生まれもったもので、増えも減りもせずそのままもっているものである。董仲舒《とうちゅうじょ》が「性とは生の質である」といい、また周濂渓が剛善・剛悪、柔善・柔悪、そして剛でも柔でもない中をもって五性としている性がこれである。それは丁度、梅の実の性は酸っぱい、柿の実の性は甘いとし、この薬の性は温だといい、あの薬の性は寒だというのと同様である。そして孟子がこの性を善だというのは、思うに人の生まれつきの性の質は万殊であっても、善を善とし、悪を悪とすることは、古今の隔てなく、また聖愚の別なく同じだからである。気質を離れて性を善だというのではない。

【評釈】「性とは生の質なり」を仁斎は、人の生まれもった性質であることとともに、生き物としての人間の性向を読むのである。生まれつきの性質は万殊であるが、しかし生きて働く、あるいは生活する人間の性向には共通するものがあることを仁斎はいうのである。それは以下に説かれていく善に向かう性質である。これを孟子は「性は善である」といったと仁斎は解するのである。「生生するは善なり」という生生の哲学的理念が人性（生質）についてもいわれるのである。

孟子のいう「性善」の性とは

◇「性」第二条

孔子の曰く、「性相近し、習い相遠し」。これ万世性を論ずるの根本準則なり。而して孟子の孔子を宗としてこれを学ぶことを願う。この旨豈二有らんや。孟子固《まこと》に言う、「物の斉《ひと》しからざるは、物の情なり」と。知るべし、その所謂性善とは、即ち孔子の言を述ぶるものなり。然れども後儒、孔子の言を以て気質の性を論ずとし、孟子の言を以て本然の性を論ずとす。信《まこと》にその言の如くんば、則ち孔子は本然の性有るを知らず、孟子は気質の性有るを知らざるものに非ずや。惟《ただ》一性をして二名有らしむるのみに非ず、且つ孔孟同一血脈の学をして、殆ど涇渭《けいい》の相合し、薫蕕《くんゆう》の相混じ、一清一濁、適従すべからず。その言支離決裂、相入らざること此くのごとし。

【訳】孔子は、「生まれもつ性は相近いものである。後の習いによって相隔たるのだ」（陽貨）といっている。この言葉は、万世にわたって性を論じる際の根本準則たるものである。孟子はもともと、「物が斉一ではないのは、物のあり方である」（滕文公上）といっているのである。これから分かることは、孟子が「性は善」というのは、孔子の「性は相近い」の意を述べたものであることだ。ところが後世儒者は、孔子は気質の性についていったとし、一方孟子が本然の性について論じたとするのである。もし本当にその通りなら、孔子は本然の性があることを知らず、孟子は気質の性を知らないということになりはしないか。この後儒の説は、一つの性を気質の性・本然の性という二つの名をもってしただけではない、孔子から孟子に伝えられる同一血脈の学問をもって、濁る涇水と澄んだ渭水とを合流させ、良い香りと悪臭とを混ぜ合わせたようにし、清濁の区別もつかず、それに従うことができなくさせてしまうのである。後儒の説の支離滅裂で、矛盾したものであるのはこのようである。

それ天下の性参差《しんし》し、斉《ひと》しからず。剛柔相錯《まじ》わる。所謂「性相近し」とは、これなり。而して孟子以為《おもえ》らく、人の気稟剛柔同じからずと雖も、然れどもその善に趨くは、則ち一なりと。猶水の清濁・甘苦の殊なり有りと雖も、然れどもその下に就くは則ち一なるがごとし。蓋し相近き中に就いて、その善を挙げてこれを示すなり。気質を離れて言うに非ず。故に曰く、「人の性の善なるや、猶水の下に就くがごとし」と。蓋し孟子の学、本《もと》未発・已発《いはつ》の説無し。今もし宋儒の説に従いて、未発・已発を分かちてこれを言うときは、則ち性は既に未発に属して、善悪の言うべき無し。猶水の地中に在るときは、則ち上下の言うべき無きがごとし。今これを

「猶下に就くがごとし」と謂うを観るときは、則ちその気質に就いてこれを言うこと明らかなり。又曰く、「乃《すなわ》ちその情のごときは、則ち以て善を為すべし。乃ち所謂善なり」。その意以為《おもえ》らく、鶏犬の無知なる、固にこれに告ぐるに善を以てすべからず。人の情のごときは、盗賊の至不仁なるがごときと雖も、然れどもこれを誉むるときは、則ち悦び、これを毀《そし》るときは、則ち怒り、善を善とし、悪を悪とすることを知るときは、則ち与《とも》に善を為すに足る。これすなわち吾が所謂善なるものなり。天下の性尽く一にして悪無しというに非ざるなり。これを以てこれを観れば、則ち孟子の所謂性善とは、即ち夫子の「性相近し」の旨と異なること無きこと、益《ますます》彰彰たり。

【訳】天下の性はそれぞれ違いがあり、斉一ではなく、剛と柔とが交じりあっている。この性のあり方を「相近い」というのである。そして孟子は、人の生まれもったものは、剛であり柔であり同じではないけれども、しかしながら生まれもった性がいずれも善に向かうものであることにおいては一つであると考えた。それはちょうど水に清濁・甘苦の異なりがあっても、下方に流れることでは一つであることと同様である。性がたがいに近似しているもののうち、善に向かうあり方を挙げていっているのである。気質としての性を離れて性善をいうのではない。それゆえ孟子は、「人の性が善であるのは、ちょうどすべての水が下方に流れるがごとくである」（告子上）というのである。思うに孟子の学にはもともと未発・已発の説はない。いま宋代儒者の説に従って未発・已発の区別をもっていうと性とは未発の属することになり、未発の性について善悪をいうことはできないことになる。それはちょうど地中にある水について上下《かみしも》がいえないのと同様である。だから「ちょうどすべての水が下方に流れるごとくである」という言葉によって見れば、孟子がいう性とは気質についていっていることは明らかである。孟子はまた、「人の情《もちまえ》からすれば、必ず善をなすはずである。これが性善ということだ」（告子上）というのである。そこでいおうとするのはこういうことである。無知な鶏や犬に善を教えることはできない。しかしどんなに不仁の盗賊でも、これを誉めれば喜び、それを誹れば怒る。だからこの盗賊も善を善だと知り、悪を悪だと知れば、他の人びとともに善をなすことができるのである。これがすなわち自分がいう性善ということである。それは天下の性がことごとく善に一であり、悪はないというのではない、と。これによって考えてみると、孟子がいう「性善」とは、孔子のいう「性相近し」の趣旨に異なるものではないことは、ますます明らかである。

【評釈】仁斎は、人間の生まれもった性情はさまざまであっても、善に向かうこと、惻隠の心という形で発動するということにおいては共通している、それを孟子は「性は善なり」といったのだと解するのである。人性が善だというとき、あくまで人の心情や行為としてのあり方においていっているので、決して心の本来について善をいうわけではないというのである。こうとらえることによって仁斎は、孔子と孟子との間の人性概念をめぐる断層はないというのである。さらには仁斎の生生的人間観と孟子の性善説との間にも断層はないとされるのである。仁斎はこのように孟子の性善説を孔子との連続性で理解しようとする。だが孟子の性善説は、本章のはじめにいったように、孟子において主題化する「性」の代表的な論説として見ることができるし、そう見ることが思想史的には正しいだろう。ただ程子・朱子らの後世儒家における「性（即理）」概念を中心化させていく議論に対決する仁斎は、孔子と孟子との間にある「同一血脈」を確信し、孔孟の連続性による気質の性としての「性善」理解を展開させるのである。この仁斎による気質の性による「性善」理解は分かりやすいものではない。だがその「性」が宋儒の本体論的な人間の本来性でなくとも、仁斎はあくまで人性（人が生まれもっている心の向き）は善だという立場を維持しようとしていることは確かである。「生生的善」とともに「人性の善」とは、仁斎の思想を根柢的に支える理念であり、確信である。

【参考】孟子の性善説は、告子らとの論争を通じて形成される。

公都子曰く、告子は性は善もなく、不善もなしといい、或ひとは性は以て善を為すべく、不善を為すべし。この故に文・武興れば、則ち民善を好み、幽《ゆう》・厲《れい》興れば則ち民暴を好むという。或ひとは性善なる人あり、性不善なる人あり、この故に堯を以て君となして象あり、瞽瞍《こそう》を以て父となして舜あり、紂を以て兄弟となし且つ君となして微子啓・王子比干ありといえり。今、性は善なりという。然らば則ち彼らは皆非なるか。孟子曰く、乃ちその情のごときは、則ち以て善を為すべし。乃ち所謂善なり。かの不善を為すがごときは、才の罪に非ざるなり。惻隠の心は、人皆これあり、羞悪の心は、人皆これあり、恭敬の心は、人皆これあり、是非の心は、人皆これあり。惻隠の心は仁なり、羞悪の心は義なり、恭敬の心は礼なり、是非の心は智なり。仁義礼智は、外より我を鑠《かざ》るに非ざるなり。我固よりこれを有するなり、思わざるのみ。故に求むれば則ちこれを得、舎《す》つれば則ちこれを失うともいえり。相倍蓰《ばいし》して算なきものは、その才を尽くす能わざればなり。

（『孟子』告子上、岩波文庫）

孟子の言葉の訳の一例を引く。翻訳はすでに「性」の一定の理解に立ったものである。

いったい、天性の資質に従えば善をなすことができる。これが私のいわゆる人の性は善である。もし不善をなすものがいても、それは彼の資質の罪ではない。同情心はすべての人がもっており、羞恥心もすべての人がもっており、恭敬の心もすべての人がもっており、是非の心もすべての人がもっている。同情の心は仁に属し、羞恥の心は義に属し、恭敬の心は礼に属し、是非の心は智に属する。この仁義礼智は、外から我に与えられるのでなく、もともと自分の具有しているものである。ただこれを思って探求しなかっただけである。故に、探求すれば得ることができるが、放置しておくと失われてしまう、と言えよう。善と悪との距離が、二倍となり五倍となり、ついに非常な懸隔を生ずるのは、天性の資質を充分に発揮できないからである。

（湯浅孝孫訳『論語・孟子・大学・中庸』筑摩世界文学大系５）

■第九講「四端の心」

人人具足し外に求むることなし――「四端の心」第一条・第二条――

「惻隠の心は仁の端なり。羞悪の心は義の端なり。辞譲の心は礼の端なり。是非の心は智の端なり。人のこの四端有るや、なおその四体有るがごとし」と孟子がいう「四端の心」は、すでに『語孟字義』の諸章に見てきたように、『論語』における孔子の「仁」の教えの意義を明らかにしようとする仁斎にとって、その理解を導き、その意義を語る彼自身の言葉、すなわちこの『語孟字義』の言葉をも可能にするような重い意味をもった教説であった。『語孟字義』が「四端の心」の一章をもっているのは、これが仁斎古義学、あるいは仁斎倫理学にとってもっている重要さのゆえである。「四端の心」の重要さについては、「仁義礼智」「心」「性」の諸章でもすでに語られている。

仁斎はここで「四端の心」をあらためて字義解明的に説いている。ことに第一条における「端」字の字義解明は重要である。朱子は「端」を「端緒」すなわち糸口の意に解してきた。すなわち中にあるものの外に現れ出る糸口の意である。それに対して仁斎は古注疏にしたがって「端」を「端本」の意に解するのである。「端」とはあるものが動きだし、作られていく本《もと》であり、始めである。

この「端」の二つの解は、それぞれ異なる二つの心性と道徳の概念的形象を前提にしている。朱子の「端緒」としての解は、たとえば仁という道徳性を心の本体（本然の性）としてもつ心性のとらえ方を前提にしている。その心の本体としての仁が、心の動きとして外に現れ出てくる、それが惻隠の心だと朱子はいうのである。惻隠の心は内なる仁を外に現す糸口である。それゆえ孟子は「惻隠の心は仁の端なり」というのだと解するのである。それに対して仁斎は、人の心に内外があるのではない。生きている人間の心は人に対して、物に対して動く、働く心としてある。人の心はある事態に対して惻隠の心として動くように生まれついているのである。それを人の性《うまれつき》というのである。だから生まれつきの心、惻隠の心を大事にし、育て上げていくならば仁という天下の道徳の形成につながることができるのである。それゆえ「惻隠の心は仁の端《もと》なり」というのだと仁斎は解するのである。これは仁斎倫理学の形成をも告げる理解である。

◇「四端の心」第一条

四端の端、古注疏に曰く、「端は本なり。仁義礼智の端本、ここに起こるをいうなり」。按ずるに字書また始と訓じ、緒と訓ず。すべてみな一字。而して考亭特に端緒の義を用ゆ。謂えらく、「なお物、中に在って、緒の外に見わるるがごとし」と。しかれども訓字の例、数義有りといえども、倶に一意に帰す。緒の字も亦当に本始の字とその義を同じゅうすべし。想うに繭の緒有る、繰治して止まざるときは、すなわち繒《そう》となり帛《はく》となり、端両丈疋《たんりょうじょうひき》の長きに至る。即ち引きてこれを伸ぶるの意有り。考亭の謂うところのごときは、すなわち本始の義と相反す。字訓の例に非ず。

【訳】四端の端について、古注疏では「端とは本である。仁義礼智の端本はここにあって、ここから起きることをいう」とある。考えてみるに、字書はすべて「端」を訓じて「始」とし、また「緒」としている。これらはみな同じ意味である。ところが朱子だけが「端緒」の意味にとっている。すなわち「物が中にあって、その緒《いとぐち》が外に現れ出ていることだ」としている。だが「端」字の訓例はいくつかあるが、それらはみな「始め」の意に帰着する。「緒」の字も「本始」と同義であるはずである。繭の緒《いとぐち》を考えてみるに、そこから糸を繰り出していけば、それは布となり、二丈もの織物となる。したがって「緒」字には引いて伸びる意があるのである。朱子がする「端緒」の解は、「本始」の義に反するものであり、「端」字の訓み方としてはありえないものである。

【評釈】孟子がいう「惻隠の心は仁の端なり」を「端」を「端緒」とする朱子の立場から解すれば、「惻隠の心とは、心の本性（道徳性）としての仁徳が同情心として外に現れ出たものである」ということになる。「端」を「本始」とする仁斎から解すれば、「惻隠の心とは、人の心が生まれつきもっている対他的な同情的性向であり、人のもつその心を大事にし、育てていくならば、仁という人間世界の基底的道徳も形成される。それゆえ惻隠の心は仁の端本だというのである」。ここには「端」字の二つの訓みが導く二つの道徳学とそれを形成する言語がある。

孟子の意、以為《おも》えらく、「人の四端有るや、なおその身の四体有るがごとし」と。人人具足、外に求むることを仮らず。いやしくもこれを拡充することを知るときは、すなわちなお火燃え、泉達するがごとく、ついに仁義礼智の徳を成す。故に四端の心をもって仁義礼智の端本とす。これ孟子の本旨にして、漢儒の相伝授するところなり。また曰く、中庸に曰く、「君子の道は、端を夫婦に造《な》す」、左氏伝に曰く、「端を始めに履む」、および「釁端《きんたん》」「禍端」「開端」「発端」などの語、古人皆本始の義に依ってこれを用ゆ。ここにおいて益《ます》ます古注の従わざる可からざるを知る。

【訳】孟子はこう考えた。「人に四端のあるのは、ちょうど人に四体があるのと同様である」（公孫丑上）と。人びとがみな自ら具えていて、他に借りることのないもの、それが四端の心である。人それぞれが自ら具える四端の心を拡充するならば、一寸の火がたちまち燎原の火として燃えひろがり、泉がやがて四海に達する大河となるように、仁義礼智の道徳を形成していくことになるだろう。それゆえ四端の心を仁義礼智の端本とするのである。これが「四端の心」をいう孟子の本旨であり、宋代以前の漢代以来の儒家が伝えてきた理解である。『中庸』にも「君子の道は、端を夫婦に造す（君子の道も、その始りを卑近な夫婦の間にもっている）」といい、『左氏伝』には「端を始めに履む（節季の端《はじめ》を年の始めにそろえた）」（文公）とある。さらに「釁端（争いのもと）」「禍端」「開端」「発端」などの言葉は、古人が「端」を「本始」の義で用いていたことを示している。このように見れば、「端」を「本始」とする古注の正しさは一層明らかである。

◇「四端の心」第二条

孟子集註に曰く、「四端我に在り。処に随うて発見《はつげん》す。皆これに即いて推し広め、その本然の量を充満することを知るときは、則ちその日《ひび》に新たに又新たにして、まさに自ずから已むこと能わざるもの有らんとす」。その発見というものは、謂えらく、当に惻隠すべきものを見れば便《すなわ》ち惻隠し、まさに羞悪すべきものを見れば便ち羞悪し、まさに辞譲すべきものを見れば便ち辞譲し、当に是非すべきものを見れば便ち是非するなり。かくの如くんば、則ち惻隠・羞悪・辞譲・是非すべきものを見ざるときには、則ち惻隠・羞悪・辞譲・是非の心、由って発せざること明らかなり。然れどもまさに惻隠すべきの事、日間《にっかん》幾くばくもなし。動《やや》もすれば十数日を経ても、或いは有ることなし。羞悪・辞譲・是非の心に至ってもまた然り。それかくの如くなるときは、則ち功を用いるの日は常に少なくして、曠廃の日は常に多し。拡充の功を用いんことを欲すと雖も、その何に由ってか得んや。且つまた惻隠の一端を拡充せんと欲するも、猶まさに力足らざるの患《うれ》い有らんとするがごとし。況んや四端の上に於て逐一にこれを拡充せんと欲するときは、則ちまさに左顧《さこう》右眄《べん》して応接に暇《いとま》無く、その煩に堪えざるの患い有らんとす。孟子の意固《まこと》にかくの如くの迂《う》ならず。夫れ四端の我に在る、猶手足の吾が身に具うるがごとく、言わずして喩り、思わずして到る。奚《な》んぞ発見するを竢《ま》たん。また何ぞ逐一に意を着けてこれを訾識《さっしき》せん。その孟子の意を理会せざること特に甚だし。

【訳】朱子は『孟子集注』でこういっている。「四端はわが内にあって、発現すべきところに発現する。この発現したところにおいてその心を推し拡め、それが本来もっている分量にまで充実させていくことを知るならば、日々に新たに已むこと能わざるようにして拡充するであろう」と。だがここで「発現」というのは、まさに惻隠すべきものを見て惻隠するということであり、まさに羞悪すべきものを見て羞悪することであり、まさに辞譲すべきものに出会って辞譲するのであり、まさに是非判断すべきものを前にして是非するのである。そうであるならば惻隠・羞悪・辞譲・是非すべきものを見たり、出会ったりすることがなければ、惻隠・羞悪・辞譲・是非の心が発現することはないということになる。それは明らかだ。となると惻隠すべきことに出会うということは、日に幾つもない。ややもすれば十数日もそうした事態に、すなわち惻隠の心を発現すべき事態に出会うことがないということになる。それは羞悪・辞譲・是非の心についてもいえることである。そうであるならば、惻隠の心をその本然の量にまで拡充するという働きをいったい人はいつ発揮するというのか。功を用いる日は少なく、空しい日々のみ多いということになるだろう。いったい人は拡充の働きをどこで発揮すればよいのか。しかも一端としての惻隠の心の拡充においても力不足を痛感するものが、四端のそれぞれの発現にあたってその心の拡充が求められるとき、人はその暇なき応接に堪えることはできない。だが孟子が四端の心をもっていおうとするのは、そういう回りくどいことではない。四端をわれに具えるというのは、ちょうど人が手足を具えるようであり、自ずから大事を覚り、思わずして力を発揮するのである。どうして発現をまって力を用いることがあろうか。どうして発現することの一つ一つに注意して、それを何かと認識したりすることがあろうか。まったく孟子の意を理解していない。

象山の曰く、「近来、学を論ずる者言う、拡めてこれを充つる、須く四端の上に於て逐一に充つべしと。豈この理有らんや。孟子当来ただこれ人に四端有るを発出し、以て人性の善、自暴自棄すべからざるを明かす。苟もこの心存するときは、則ちこの理自ずから明らかにして、当に惻隠すべき処は自ずから惻隠し、当に羞悪すべき処は自ずから羞悪し、当に辞遜すべき処は自ずから辞遜すべし。是非前に在れば自ずからよくこれを弁ずべし」と。その説もまた甚だ快に過ぎて、孟子の意を得ざることは、則ち侔《ひと》し。孟子の曰く、「人皆忍びざるところ有り。これをその忍ぶところに達するは仁なり。人皆為さざるところ有り。これをその為すところに達するが義なり」。いわゆる「忍びざるところ」「為さざるところ」とは、即ち惻隠・羞悪の心なり。達するというは、拡充の謂い。蓋し惻隠、羞悪の心をして、至らざるところ無く、通ぜざるところ無からしむるを謂うなり。孟子の意、豈甚だ明白的当、その用功また甚だ親切易簡《いかん》なるに非ずや。蓋し朱・陸の二先生、皆よく孟子を尊信すと雖も、然れども晦庵は専ら持敬を以て主とし、象山は先ずその大なるものを立つるを以て要として、拡充の功に於いては、皆未だ嘗て実にその力を用いず。宜なるかな、差失のかくの如く甚だしきこと。

【訳】陸象山はこの朱子の解をめぐっていっている。「近来学を論ずる者に、「四端の心の発現のその一つ一つについてその拡充の功を用うべきである」といったりするものがあるが、どうしてそのような道理があろうか。孟子は本来、人に四端の心のあることを明らかにすることで、人の性はもともと善であり、自暴自棄すべきではないことを人に示そうとしたのである。人がこの心を保持するならば、道理はすでに人に明らかであり、惻隠すべき処には自ずから惻隠し、羞悪すべき処には自ずから羞悪し、辞遜すべき処には自ずから辞遜し、是非判断の問われる処では自ずからよく弁別する」と。この象山の説は明快にすぎて、孟子の意に差違することにおいては朱子と等しい。孟子はこういっているのだ。「人には他人の艱難窮迫に際して忍ぶことのできない心がある。それを忍ぶことのできるような場合にまで推し及ぼし、至らしめることが仁である。また人にはどのように追いつめられた場合でも為すべきではないとする心がある。その心を何の制約もない場合にも推し及ぼし、通ぜしめることが義である」と。ここでいう「忍ぶことのできない心」「為すべきではない心」というのが惻隠の心であり、羞悪の心である。そしてそれらの心を「推し及ぼし、至らしめ、通ぜしめる」ことが「拡充」することである。それゆえ孟子は惻隠・羞悪の心を、至らざるところなく、通ぜざるところないようにすることをいっているのである。孟子のいうところは明白にして適切ではないか。その拡充の功も人びとに近しい、平易なことではないか。朱・陸の二先生は孟子を尊信するとはいえ、朱子は「敬を持する」ことをもって学の主とし、陸子は「大なる心を確立する」をもって学の要とした。彼らの学は「拡充」に力を用いるものではなかった。けだし当然であろう。「端」字の訓み違いが、かくも大きな学の差失を生むことになるのは。

■第十講「情」

人の同じく好悪する情――「情」第一条・第二条――

人間の感情の問題が儒家の言説中に登場するのは、礼楽的統治論においてである。人の情を「喜怒哀懼愛悪欲」の七情とするのは『礼記』（「礼運」篇）である。「何をか人の情と謂う。喜《き》怒《ど》哀《あい》懼《く》愛《あい》悪《お》欲《よく》なり。七つのもの学ばずして能くす。何をか人の義と謂う。父は慈、子は孝、兄は良、弟は弟、夫は義、婦は聴、長は恵、幼は順、君は仁、臣は忠なり。十のものこれを人の義と謂う。信を講じ、睦を脩め、辞譲を尚び、争奪を去る所以は、礼を舎きて、何を以てかこれを治めん」。さらに朱子における「天理人欲」論の根拠をなす有名な文章がやはり『礼記』の「楽記」篇にある。

人生まれて静かなるは天の性なり、物に感じて動くは性の欲なり。物至りて知知る、然る後に好悪形《あら》わる。好悪、内に節無く、知、外に誘《いざな》わるれば、躬《み》に反《かえ》る能わずして天理滅ぶ。それ物の人を感ずること窮り無くして、人の好悪節無ければ、則ちこれ物至りて、人の物に化せらるるなり。人の物に化せらるるは、天理を滅ぼして人欲を窮むるものなり。ここに於いて悖逆《はいぎゃく》詐偽の心あり、淫泆《いんいつ》作乱の事あり、……これ大乱の道なり。

（「楽記」篇）

この故に先王の礼楽を制するや、人にしてこれが節を為す。……礼は民心を節し、楽は民声を和し、政以てこれを行い、刑以てこれを防ぐ。礼楽刑政四つながら達して悖《もと》らざれば、則ち王道備わる。（「楽記」篇）

情を「性の欲」とし、人の物に感じて動くあり方だとする。外物に誘われた気持ちの動き、それが情である。ここでは「好悪」の情に代表させている。すでに『礼記』では人の情は外物に惹かれて盲動しがちな、したがって内部的節制の必要なものとみなされている。ここから朱子学における正しい情の発動と、外物に誘発された悪い情動とが区別されてくる。

情の節に中《あた》るは、これ本性より発し来たる、すなわちこれ善、さらに不善無し。その節に中らざる、これ物欲に感じて動き、本性に従わずして発し来たる、すなわちこの不善有り。

（『北渓字義』「情」）

本性（仁義礼智）にしたがって正しく発動するのは、良い情である。四端の心がそれである。もっぱら外物を原因として発動する情はまさしく物欲であって、悪い情である。私欲・利欲・色欲・権力欲などなど。ここから私欲に打ち勝って、天理に復することが説かれていく（『論語集注』「克己復礼」解）。朱子学は基本的に情動悪玉論である。

では仁斎はいかにして否定的概念としての「情」の意味を転換させるのか。

◇「情」第一条

情とは、性の欲なり。動く所あるを以て言う。故に性情を以て並び称す。楽記に曰く、「物に感じて動くは性の欲なり」と。これなり。先儒以謂《おも》えらく、「情とは性の動」と。未だ備わらず。更に欲の字の意を見得て、分暁ならんことを欲す。人常に人情と言い、情欲と言い、あるいは天下の同情と言う、みなこの意なり。目の色における、耳の声に於ける、口の味に於ける、四支の安逸に於ける、これ性なり。目の美色を視んことを欲し、耳の好音を聴かんことを欲し、口の美味を食らわんことを欲し、四支の安逸を得んことを欲するは、これ情なり。父子の親は性なり。父必ずその子の善を欲し、子必ずその父の寿考を欲するは情なり。また曰く、「善を好し悪を悪むは、天下の同情なり」。大凡この類を推してこれを見れば、情の字の義、自ずから分暁ならん。

【訳】情とは、性の欲、すなわち人の持ち前としての性の欲の動きである。人の口は性の持ち前として美味を欲し、食したいと気持ちの動くことをもって情というのである。それゆえ性と情を並べいうのである。『礼記』の「楽記」に、「物に感じて動くのは性の欲である」といっているのは、このことである。先儒はこれから、「情とは性の動くこと」（朱子『孟子集注』）だと考えた。だがこの理解は不十分である。欲字の意義をよく考えることで、「情とは性の欲」であることの意味をさらに明らかにしたい。人びとは常に「人情」といい、また「情欲」といい、あるいは「天下の同情」というのは、みなこの意味における情をいうのである。色を見ることにおいて目の性があり、声を聴くことにおいて耳の性があり、味わいにおいて口の性があり、休息することにおいて手足の性がある。目が美色を見たいとして気持ちが動き、耳が良い音を聴きたいとして気持ちが動き、口が美味を味わいたいとして気持ちが動き、手足が休みたいとして気持ちが動くのが情である。父子それぞれにおける親愛とは人の持ち前の性である。父が必ず子の良からんことを欲して気持ちが動くのは情である。子が父の寿《よわい》の長からんことを欲して気持ちの動くのは情である。また「善を好み、悪を憎むのは、天下の人びとの同じくする情である」という。これらによって類推していけば、情という字の意味は自ずから明らかであろう。

【評釈】目の性とは、人が美しい物を見たいという気持ちをもって生まれついていることである。実際に美しい物を見たいと欲して気持ちが動き出すのが目の情だと仁斎は説明している。性も情も人の生まれもった持ち前として自然である。目が物を見るという動性をもってあることを目の性といい、実際に見ようと欲する動きにおいて目の情を仁斎はいうのである。朱子において性と情とは体用論によって区分される。朱子において目の性とは目の本来性である。正しい物を正しく見ることである。目の情とは目の欲動である。ひたすら美人をばかり見ほれてしまうのは、目の本来性が色欲的情動に枉げられているからである。

孟子の曰く、「物の斉《ひと》しからざるは、物の情なり」と。言うこころは、或いは大、或いは小、或いは緩、或いは急、物おのおの好む所あり、故にこれを情と謂うなり。易にいわゆる「万物の情」と、またこれこの意。孟子また曰く、「人その禽獣なるを見て、以為《おも》えらく、未だ嘗て才あらざるものと。これあに人の情ならんや」。言うこころは、人の為に栄とせらるるは、天下の同じく好む所、人の為に辱かしめらるる所は、天下の同じく悪くむ所なり。人、我を指して以て禽獣と為すは、人の欲する所に非ず。故に曰く、「これあに人の情ならんや」と。またいわゆる「すなわちその情のごときは、則ち以て善を為すべし」と、即ちこれこの意。

【訳】孟子は、「物が一様でないのは、物の情である」（滕文公上）といっている。その意味は、物に大小があり、事に緩急があるのはそれぞれの持ち前の自然な有様だというのである。『易』で「万物の情（万物それぞれの持ち前の有様）」（咸卦彖伝）というのもこの意である。孟子はまた、「人が禽獣のようであるのを見て、その人にもともと善を為す能力のないことをいう。だがどうして人は禽獣であることを欲するだろうか。それは人の持ち前の情ではない」（告子上）といっている。人にとって栄誉は、天下の同じく好むところであり、人にとって恥辱は、天下の同じく悪むところである。人びとが自分を指して禽獣だと誹るようなことを、人は欲したりはしない。それゆえ孟子は、「それは人の持ち前の情ではない」といったのである。また孟子が「人の持ち前の情とは、善をなすはずのものである」（告子上）というのも、同じ意味においてである。

【評釈】仁斎は孟子によって「性・情」理解を朱子とは異なる形で確立しようとしている。孔子は性については、「相近し」ということ以上には語らない。もちろん情についていうことはない。それゆえ孟子によって仁斎は性情論を展開する。だが、すでに見たように「性の欲（欲求）」としての情、外物によって動く、感動としての情が儒家の文脈に登場するのは『礼記』の礼楽論においてである。だから同じ趣旨で荀子は情をいうのである。『荀子』の「楽論」は、「それ楽《がく》なるものは楽《らく》なり。人情の免れざる所なり」という言葉で始まる。「楽なるものは聖人の楽しむ所なり、しこうして以て民心を善くすべく、その（楽の）人を感ぜしむるや深く、その風俗を移すや易し。故に先王はこれを導くに礼楽を以てして民和睦せり。それ民には好悪の情あるに、しかも喜怒の応なければ則ち乱る。先王はその乱を悪みしなり」（金谷治『荀子』岩波文庫）。このように礼楽論の文脈中に「人情」や「情」概念は存在する。

為政者の民衆に向けられた統治的視線の先に「人情」「風俗」が登場する。礼楽は民衆の情を治める術である。「先王の楽を立つるは術なり」（『荀子』）。政治と人情との相関において音楽・詩歌の意味が把握され、論じられるのである。これが近代にいたるまでの楽論・詩論・歌論の基本的な性格である。これが政治と離れて人情との関係だけで音楽や詩歌が論じられるようになるのは、日本では近世の文学論を待たなければならない。仁斎の「文学は人情を道《い》う」の説は、そのもっとも早いものである。仁斎は礼楽論の文脈によらずに「人情」と「情」の概念を、朱子におけるような否定的なものとしてではなしに成立させようとしているのである。しかもそれを孟子によってしようとしているのである。それは可能なのか。

孟子は、すでに第八講に見たように、「性」を主題化している。「性善」説とは孟子の思想を代表するものである。ところで孟子において「情」は、何ほどか自立的な概念として存在するのか。たしかに情という語は使われている。だがそれは性（性善）が語られる文脈中で、ほとんど性と同じ意味で使われている。たとえば仁斎も引く、「すなわちその情のごときは、則ち以て善を為すべし」を孟子がいうのは、告子らの立場に対して「性善」をいう文中においてである。

> 今、性善と曰う。然からば則ち彼みな非か。孟子の曰く、乃ちその情の若きは則ち以て善を為すべし。乃ちいわゆる善なり。もしそれ不善を為すは、才の罪に非ざるなり。惻隠の心は、人みなこれ有り。羞悪の心は、人みなこれ有り。……仁義礼智、外由り我を鑠《かざ》るものに非ず。我固よりこれを有するなり。（『孟子』告子上。読み方は仁斎の『孟子古義』に従う）

これは孟子における「性善」の立場を告げる決定的な文章である。ここで使われている「性」「情」「才」を、それぞれ特有の意味をもって孟子が使い分けていると考えるのは難しい。それぞれの語に若干のニュアンスの差があっても、いずれも人が生まれつきとしてもっている持ち前・性質をいうとして考えないとこの文章は成り立たない。だから小林勝人はこう読んでいる。「今、性は善なりという。然からば則ち彼らは皆非なるか。孟子曰く、乃若《されど》その情《せい》（性）は則ち以て善を為すべし。乃《こ》（是）れ所謂（性）善なり。かの不善を為すが若きは、才《せい》（性質）の罪に非ざるなり」（『孟子』岩波文庫）。小林は「性」も「情」も「才」もいずれも「せい」と読ませて、同義としている。その際、「性は心に従い生声、情は心に従い青声で、青も生声に従う。すなわち性と情との二字は、古音が同じく義もまた同じ」という兪樾の説を紹介している。しかし仁斎は、「情とは性の欲する所」「才とは性の能くする所」と、性に連関させながら情と才のそれぞれの意味を区別させながら、「情」概念を成立させようとするのである。そこからかなり曲解ともみられる無理な解釈がなされてくる。これは「情」概念が成立していない孟子によって「情」概念を成立させようとする無理だとみなされる。

◇「情」第二条

晦庵《かいあん》四端を以て情とす。尤も謂われ無し。孟子明かに「四端の心」と曰うて、未だ嘗て「四端の情」と曰わず。見つべし、四端はこれ心、情に非ざることを。また大学を註し、忿懥《ふんち》・好楽・憂患・恐懼《きょうく》を指して情と為す。然れども大学また「心を正す」と曰いて、「情を正す」と曰わず。見つべし、忿懥等の四者、これ心、情に非ざるを。晦庵以為《おもえ》らく、「心は性情を統ぶ」と。しこうして性を以て心の体とし、情を心の用とす。故にこの説あり。殊《たえ》て知らず、心はこれ心、性はこれ性、おのおの工夫を用いるところあり。情はただこれ性の動きて、欲に属するもの、纔《わずか》に思慮に渉るときは、則ちこれを心と謂う。四端及び忿懥等の四者の若き、みな心の思慮する所のもの、これを情と謂うべからず。しこうして惻隠・羞悪・辞譲・是非の心は、すなわち顕然として形有るもの、心に非ずして何ぞ。

【訳】朱子は四端を情とした。これはもっとも根拠の無い説である。孟子は明らかに「四端の心」といって、いまだかって「四端の情」とはいわなかった。ここにはっきりと見るべきである、四端とは心であって、情ではないことを。また朱子は『大学』のいう忿懥・好楽・憂患・恐懼に註して、これを「心の用」すなわち情であるとした（『大学章句』）。だが『大学』はこれらについて「心を正す」といって、「情を正す」とはいわない。忿懥などの四者は心であって、情ではないことを見るべきである。朱子は「心とは性と情とを統一する」ものと考えた。その際、性を心の本体とし、情を心の作用としたのである。そこからあの四者を情とする説があるのである。朱子は全く理解していない。心は心であり、情は情であり、それぞれについての工夫（力の用い方）があることを。情とは、性の動きであり、欲に属するものであり、その動きがわずかに思慮（考え、思んぱかり）に渉るときは、これを心というのである。だから四端とか忿懥などの四者のような気持ちの動きは、みな心の思んぱかりであり、これを情ということはできない。しかも惻隠・羞悪・辞譲・是非の心は、はっきりとした形をもったものであって、まさしくそれは形をもって動いた心でなくして何であろうか。

凡そ思慮する所無くして動く、これを情と謂うべし。纔に思慮に渉るときは、則ちこれを心と謂う。喜怒哀楽愛悪欲の七者の若き、設《も》し思慮する所無くして動くときは、則ち固《まこと》にこれを情と謂うべし。纔に思慮に渉るときは、則ちこれを情と謂うべからず。分限甚だ明かなり。学者当に意を以て理会すべし。

【訳】人の気持ちが思んばかることなく動くのを情というべきである。いささかでも思んばかることがあるときは、これを情といわず、心という。だから喜怒哀楽愛悪欲の七情といわれるものも、もし何ら思んばかることなく動くときは、まさしく情というべきであるが、いささかでも思慮に渉ることがあれば、それは情というべきではない。心と情の区分ははっきりしている。学者たるもの意をもってこの区別を理解すべきである。

【評釈】ここでの仁斎の議論は、四端の心を情とする朱子の理解の批判にかかわっている。朱子における体用論的な心の把握、すなわち性を心の本体とし、情を心の作用とする心のとらえ方を否定する仁斎は、人の性の何らか思慮に渉る動きを心とし、何ら思慮に渉ることのない動きを情とする心と情の区別をもたらす。ここで一番分かり難いのは仁斎のいう性であろう。仁斎のいう性とは、活物としての人間がその生まれつきとしてもっている気質である。私はそれを人間的気の持ち分として「気持ち」と訳した。気持ちは思慮と感情とを含んでいる。そこから思慮に渉る気持ちの動きを「心」といい、思慮に渉らない気持ちの動きを「情」とする、と仁斎の説を訳してみた。そこから他者に対する思んばかりを含んだ気持ちの動き、すなわち「心」として「四端」が解されてくる。かくて体用論的な範疇から離れた「心」の概念が、「情」の概念とともに成立することになる。「情」概念の成立のためにずいぶん厄介な議論をすると考えられようが、朱子学に見るような概念的、言語的な枠組みからの解放なくして人の情への肯定的眼差しは生じないのである。

■第十一講「忠信」「忠恕」

みな人に接《まじ》わる上についていう

――「忠信」第一条～第三条、「忠恕」第一条――

仁斎は『論語』学而篇の「曾子三省」の章の論注でこういっている。

古えは道徳盛んにして議論平らかなり。故にただ孝弟忠信を言うて足れり。聖人既に没して道徳初めて衰う。道徳初めて衰えて議論初めて高し。そのいよいよ衰うるに及びては、則ち議論いよいよ高く、道徳を去ることいよいよますます甚だし。人みな議論の高きを悦ぶことを知りて、その実、道徳を去ることますます遠きを知らず。仏老の説・後儒の学これのみ。蓋し天地の道は人に存す。人の道は孝弟忠信より切なるはなし。故に曰く、ただ孝弟忠信を言うて足れり、と。（林本『論語古義』）

古え、孔子の生前の時代において、道徳は盛んで、議論は平明であった。それゆえただ孝弟忠信をいうことで十分であった。孔子の教えもそれに尽きるのだと仁斎はいうのである。「ただ孝弟忠信を言うて足れり」という仁斎の言葉は、「孝弟忠信」をもって『論語』と孔子の教えを読み切ることのできた仁斎の確信を伝えるものである。「忠信」とは何かとは、これから見ていくことだが、あえて前もっていえば、孝弟も忠信も身近な人びとをはじめ日常接する人びととの愛情と真実とをもった交わりをいうのである。仁斎は人の世の問題はこれに尽きるというのである。この交わりが根底に確乎として成立していることが一番大事なことだというのである。孔子もそれを教えているのである。だから「忠信を主とす」とは「孔子の家法」なのである。

仁斎の学は「ただ孝弟忠信を言うて足れり」の一語に尽くされているように私には思われる。そして仁斎はまた「忠信を主とす」に孔子の究極の一語を読んだのである。何をもって究極の一語とするのか、それはそれぞれの読み手に問われる問題である。残念ながら東涯ら仁斎の死後に残された古義堂の後継者たちは、「ただ孝弟忠信を言うて足れり」を仁斎の究極の一語とはみなさなかったようだ。刊本の文章はこう改められている。

古えは道徳盛んにして議論平らかなり。故にその己れを修め人を治むるの間、専ら孝弟忠信を言うて、未だ嘗て高遠微妙の説あらず。……蓋し天地の道は人に存す。人の道は孝弟忠信より切なるはなし。故に孝弟忠信は、以て人道を尽くすに足る。（刊本『論語古義』）

◇「忠信」第一条

程子曰く、「己れを尽くす、これを忠と謂う。実を以てする、これを信と謂う」と。皆人に接する上に就いて言う。それ人の事を做《な》すに、己が事を做すが如くし、人の事を謀《はか》るに、己が事を謀るが如くし、一毫の尽くさざること無き、まさにこれ忠。凡そ人と説く、有れば便ち有り

と曰い、無ければ便ち無しと曰い、多きは以て多しとし、寡なきは以て寡なしとし、一分も増減せず、まさにこれ信。また忠信の二字、朴実にして、文飾を事とせざる意あり。いわゆる「忠信の人は、以て礼を学ぶべし」と、これなり。また信の字は人と期約してその実を践むの意あり。論語の集註に曰く、「信は約信なり」と。古人に、「信は金石の如く」「信賞必罰」等の語あり。皆この意。

【訳】程子は、「己れを尽くすことを忠という。実を以てすることを信という」と定義している。いずれもみな人と接する上についていっているのである。人の事を為すのに、自分の事を為すようにし、人の事を考えるのに、自分の事を考えるようにして、いささかも尽くさざることがない、それがまさに忠である。人と話しながら、有れば有りといい、無ければ無いといい、多ければ多いといい、少なければ少ないといい、いささかも増減することがない、それがまさに信である。また忠信の二字には、朴実で、文飾に意を用いないという意味がある。「忠信の人こそ礼は学ぶことができる」（礼記・礼器）とは、このことをいうのである。また信字には、約束してそれを実行するという意味がある。朱子が集注で、「信は約信である（約束を破らない）」といい、古人が「信は金石のごとく固い」とか「信賞必罰（約束通りに賞を与え、必ず罰する）」などというのは、みなこの意味である。

【評釈】『論語古義』で仁斎は「忠信」について、古注にしたがって、「忠は中心を尽くすを謂い、信は実なり」としている。人に対する関係において、心を尽くすことが忠であり、実であることが信だというのである。これを程伊川は、「己れを尽くすを忠といい、実を以てするを信という」と定義し直している。仁斎はここで程子の定義を引いているが、程子の定義を古注と同義としてであろう。その上で仁斎は、心の底から人の立場に立ってすることを忠といい、人を決して欺くことのないことを信というとするのである。この忠信を仁斎は『童子問』で「実心」といっている。「それ孝弟とは順徳、忠信とは実心。人もし忠信ならざるときは、則ち名孝を為すと雖も、実は孝に非ず。名忠を為すと雖も、実は忠に非ず。礼儀三百、威儀三千、節文度数、燦然として観つべしと雖も、皆虚文末節、要観るに足らず」と、人間の行為、事柄を実のものとしてあらしめるものとして人の忠信（実心）がいわれている。すでに仁斎において忠信は『中庸』における誠と重なるものになっていることを知るのである。『中庸』では「誠とは物の終始なり。誠ならざれば物無し」といわれている。ここでいう「物」とは「事」、すなわち人間の事象をいう。「誠ならざれば物無し」とは、たとえば孝も誠をともなわなければ孝ではないということを意味する。とすれば『中庸』で誠をもっていわれることを、仁斎は忠信をもっていっていることになる。誠と忠信との関係は後の問題だが、ここでは人に対する行為・態度における「忠信（実心）」でもって仁斎は「誠」をもとらえているとだけいっておこう。ところで実心をただちに真心といいかえることを私はここではしない。忠信を人との関係や人に対する行為を実たらしめるような心的態度、すなわち実心だとしておきたい。

なお仁斎はこの「忠信」の章でも『北渓字義』の文章の言い換えをしている。朱子学的「忠信」のいかなる言い換えによって仁斎学的「忠信」が成立するかを見てみよう。その言い換えは微妙である。『北渓字義』では「忠信」は次のように説かれている。

真に程子の「己れを尽くす、これを忠と謂う。実を以てする、これを信と謂う」と曰うに至りて、まさに説くこと確定たるを得たり。己れを尽くすとは、これ自家の心の裏面を尽くすなり。存主する所（本心）を以て言うなり。すべからくこれ一毫の尽くさざること無き、まさにこれ忠。もし十分底の話、ただ説き得ること七八分なれば、なお両三分を留む。便ちこれ尽くさず、これを忠と謂うことを得ず。実を以てするとは、これ言上に就いて説く。話すこと有りて、ただこの実物に拠りて説く、無ければ便ち無しと曰い、有れば便ち有りと曰う、もし無きを以て有りと為し、有るを以て無しと為すは、便ちこれ実を以てするをえず、これを信と謂うことを得ず。忠信は判然たる二物に非ず。内面より発出し、一も尽くさざること無き、これ忠。外に発出し来たりて、皆実を以てする、これ信。（『北渓字義』上）

同じく程子の定義によりながら、そして使用される言辞は類似していながら、朱子学と仁斎学がえがく忠信像は異なっている。朱子学において忠とは、人と話すのに自分の心にもつ十分底の道理を十分に言い尽くすことである。仁斎学にとって忠とは、人との間を自分の心を尽くすことによって充実させていくことである。その心を実心という。仁斎は愛とは実心だともいう。愛とは人と我との間を充実させていく心である。信について、両者とも「有便曰有、無便曰無」といういい方をもって説くが、朱子学においてこれは、言葉が実物証拠をもっていわれねばならない譬えであり、仁斎学ではこれは他者に対して偽りのない、実なる態度をいう譬えである。仁斎の「忠信とは実心」とは、他者に対する我の実なる交わりの態度、行為をいう。

◇「忠信」第二条

忠信は学の根本、始めを成し終りを成す。皆ここに在り。何ぞなれば学問は誠を以て本と為す。誠ならざれば物無きなり。苟も忠信無きときは、則ち礼文中ると雖も、儀刑観つべしと雖も、皆偽貌《ぎぼう》飾情《しょくじょう》、まさに以て奸を滋し邪を添うるに足る。論語に曰く、「忠信を主とす」と。主は賓に対す。言うこころは学問は必ず忠信を以て主とせざるべからず。又曰く、「子、四つを以て教ゆ。文行忠信」と。程子の曰く、「四者は忠信を以て本と為す」と。ここに知る、「忠信を主とす」は、すなわち孔子の家法にして万世の学者皆当にこれを守りてその訓を換うべからざるべし。而るに後世或いは持敬を以て宗旨とし、或いは良知を致すを以て宗旨として、いまだ忠信を以て主とすることあらず。またかの孔門の学と異なり。故に学問観つべしと雖も、然れどもその徳卒《つい》に古人に及ばざるは、実にこれを以てなり。

【訳】忠信は学問の根本である。それは学の始めをなし終わりをなすものである。すべてはこの忠信にある。なぜなら学問は誠を本とするものであり、誠でなければ物は無いからである。もし忠信を本とすることがなければ、見事に儀礼・制度・法式が整っていても、それらはみな内を偽り外を飾るもので、ただ奸と邪を増し加えるだけとなってしまう。『論語』は「忠信を主とする」（学而、子罕）という。主とは賓（客）に対するものである。学問は必ず忠信を主としなければならないという意味である。また『論語』には、「子は四者をもって教えた。文と行と忠と信である」（述而）といわれている。程子は「四者は忠信を本とする」（『論語集注』）という。ここにわれわれは知るのである、すなわち「忠信を主とする」とは、孔子一門の家法であり、万世の学者はこれを守り、その家訓を決して他に換えてはならないことを。ところが後世にいたってあるいは「敬を持する」を宗旨として主張し、あるいは「良知を致す」を宗旨としても、「忠信を主とする」を根本とすることをしない。それは孔門の学とは異なるものである。それゆえたとえその学問が見事な体裁を見せるものであっても、学者たちの徳が古人に及ばないことになるのである。

【評釈】「誠は天の道なり。之を誠にするは人の道なり」という『中庸』は誠の哲学というべき言説を展開する。「誠なる者は自ら成るなり。而して道は自ら道《みちび》くなり。誠は物の終始、誠ならざれば物無し。この故に君子は誠をこれ貴しと為す」（『中庸章句』二五）。朱子はこの誠を実理として、物事を実にその物事たらしめる道理だととらえている。自然において四季が実に四季として廻ってくる道理が誠（実理）であり、人間において親子関係を実に親子関係たらしめている道理、孝をまことに孝たらしめる道理が誠（実理）である。「誠ならざれば物無し」とはそういう意味で解される。このように『中庸』における誠は、朱子の存在論的解釈がまことに相応しいような概念としてある。

仁斎は本条に見るように、『中庸』がいう「誠ならざれば物無し」を忠信によっていってしまっているようである。〈対人関係における行為・心情の実〉という忠信概念は『論語』のものである。〈物事を実にあらしめる〉という誠概念は『中庸』のものである。仁斎は誠を忠信によって置き換えようとしているかに見える。本条を見ても、たしかにそのように見えながら、なお誠概念は消えずに仁斎の文脈に残っている。後に見るように「誠」の章が存在することからすれば、誠は消えることはないのである。忠信と誠とを混用していう仁斎の文章は、私にとってなお未解決の問題を投げかけるものである。

◇「忠信」第三条

宋儒の意以為《おも》えらく、忠信を主とするは甚だ易き事、行い難きもの無しと。故に別に一般の宗旨を撰び、これを標榜として、以て人を指導す。殊えて知らず、道は本知り難きもの無し。ただこれ誠を尽くすを難しとす。苟も誠をこれ尽くし難きを知るときは、則ち必ず忠信を以て主と為さざること能わず。易に曰く、「忠信は徳に進む所以なり」と。故に学は聖人に至ると雖も、また忠信に外ならず。その貌を視るときは、則ち儼然たる儒者なり。而してその内を察するときは、則ち勝を好み外を務むるの心、知らず覚らず胸中に常伏す。これ信《まこと》に敬を持することを知りて、忠信を以て要と為さざる故なり。学者深く弁ぜざるべからず。

【訳】宋儒が考えるのに、忠信を主とするのは行い易いことであり、難しいことでは全くないと。

それゆえ別に一般の宗旨を選び、それを指標として掲げ、人を導こうとした。彼らはことに知らないのだ、道とは本来知り難いものではないことを。ただ誠を尽くすことが難しいのである。誠を尽くすことが難しいと知るならば、人は必ず忠信を主とすることを心がけずにはいられない。『易』には、「忠信は徳に進む所以である」（乾・文言伝）といわれている。それゆえ学とは、聖人の高さに至っても忠信を学ぶに外ならないのである。その外面の風貌を見れば、いかめしい儒者である。ところがその内面を察すれば、人に勝ることを好み、外を飾ることを務めるような思いが、知らず覚らずに胸の中に常在している。これこそ「持敬」の宗旨だけを知って、「忠信を主とする」ことを学の要めとしないからである。学者はよくよくこのことを弁えねばならない。

【評釈】ここで仁斎は「誠を尽くす」ことの難事をいっている。「尽誠」といういい方は『中庸』にも『孟子』にもない。ただ『中庸』は「性を尽くす」といっている。すなわち、「ただ天下の至誠のみ、能くその性を尽くすと為す。能くその性を尽くすときは、則ち能く人の性を尽くす。云々」（『中庸章句』二二）と。ただ仁斎はこの「尽性」といういい方を『孟子』によって疑っている。すなわち孟子は「心を尽くす」といい、「性」については「養う」というのだと（『中庸発揮』）。孟子は、「その心を尽くす者は、その性を知ればなり。その性を知れば、則ち天を知るなり。その心を存し、その性を養うは、天に事うる所以なり」（尽心上）といっている。仁斎はこれを解釈して、「心を尽くすとは、四端の心を拡充して、その極に至らしむるを謂う。性を知るとは、自ら己れの性の善にして、悪無きを知るなり。云々」(『孟子古義』)といっている。仁斎は「心を尽くす」を四端の心を拡充し、その極に至らしめることと解している。これからすれば、「誠を尽くす」とは、人間の事柄を実たらしめる実心(真実な心)を人間の事象すべてに亘るように拡充することと考えられる。それは確かに難事である。それが難事だと知ったとき、われわれにできることは身近な人びととの関係を実たらしめる忠信を行うことである。「忠信を主とする」とは行い易い、しかし道徳の根本でもある実践の教えである。

◇「忠恕」第一条

己れの心を竭《つく》し尽くすを忠とし、人の心を忖《はか》り度《はか》るを恕とす。按ずるに旧註程子の「己れを尽くす」を以て忠の字を訓ずるは当たれり(版本)集註引く程子「己れを尽くすこれを忠と謂う」は当たれり」。但し恕の字の訓は未だ当たらざることを覚ゆ。註疏、己れを忖り人を忖るの義に作る。忖の字を以てこれを訓ずるの得たりとするに如かず。言うこころは人を待すること必ずその心思苦楽如何を忖り度るなり。「忖己」の二字未だ穏やかならず。故にこれを改め、人の心を忖り度ると曰うなり。

【訳】自分の心を竭し尽くすことを忠とし、人の心を忖り度ることを恕とする。思うに旧注が程子の「己れを尽くす」の意をもって忠字を解するのは当たっている(版本)集注が引く程子の「己れを尽くす、これを忠という」は当たっている」。ただ恕の字を解して「己れを推す」とするのは当たらないように思う。『論語註疏』は恕を「己れを忖って人を忖るの義」としている。忖の字で恕を解する『註疏』の妥当さに集注は及ばない。言おうとすることは、人に応対するとは、必ずその人の心の思いや苦楽がどのようであるかを忖り度ることである。だから『註疏』の「己れを忖る」というのは穏当ではない。それゆえこれを改めて、恕とは「人の心を忖り度る」ことだというのである。

【評釈】朱子は「夫子の道は忠恕のみ」の註で、「己れを尽くす、これを忠と謂う。己れを推す、これを恕と謂う」といい、さらに程子の「己れを以て物に及ぼすは仁なり。己れを推して物に及ぼすは恕なり」を引いている。程子も朱子も「己れを推して物に及ぼす」ことを恕だとしている。自分の寛恕の心を相手・対象に推し及ぼしていくことを恕だとしているのである。ここでは自分の心を及ぼすというように、道徳主体としての己れ（自分）が常に存在する。程子・朱子が対他的実践としての忠信・忠恕をいうのに、つねにそこに己れがあることに仁斎は納得できないのである。朱子が「己れを尽くす、これを忠という」のは、己れの心にあるものを相手に出し尽くすことをいうのである。仁斎が「己れの心を竭し尽くすを忠という」のは、自分を心とももども相手に傾け尽くすことである。「忠信」の章で触れたように、朱子は自分の心に十あれば、その十全部を相手に出し尽くすことが忠だといっていた。あくまで自分の心が前提にあるのである。恕についても同様である。仁斎が「人の心を忖り度るを恕という」のは、徹底して相手の立場になって慮ることをいうのである。自分の寛恕の心を相手に及ぼすということではない。したがって「忖己」の二字を消すのである。ここから何をいうことができるか。仁斎の側に心情的な自他融合をいうことは易しい。私はやはりここに道徳性をめぐる二つのとらえ方、あるいは道徳的言語の二つのあり方を見たい。

それ人、己れの好悪する所を知ること甚だ明かにして、人の好悪に於ては泛然《はんぜん》として察することを知らず。故に人と我と毎に隔阻《かくそ》胡越《こえつ》し、或いは甚だ過ぎてこれを悪み、或いはこれに応じて節無く、親戚知旧の艱苦を見ること、猶秦人《しんひと》の越人《えつひと》の肥瘠《ひせき》を視るがごとく、茫乎《ぼうこ》として憐れむを知らず。その不仁不義の甚だしきに至らざる者はほとんど希《すくな》し。

【訳】一般に人は自分の好き嫌いをはっきり分かっていても、他人の好き嫌いははっきりせず、それを察することもしない。それゆえ人と自分との間はつねに胡越のように遠く隔たっていて、隔たりが過ぎてはこれを嫌い、あるいは親しく応接しては節度がない。親戚や旧知の難儀を見ても、ちょうど秦の人が遠い越の人の肥えようが痩せようが気にかけないのと同様に、ぼんやりと見ていて憐れむことをしない。はなはだしい不仁不義を犯してしまうものは決して少ないとはいえない。

【評釈】これは自他の隔たりをいうめずらしい言葉である。他者の立場への徹底した思い入れ、思いやりを説く仁斎にむしろ自他の隔たりの認識があることは重要である。己れの心を推し及ぼすものとして相手を見る朱子たちには、自他の隔たりについてのこの認識はない。人との関係性を基底にする仁斎の道徳的思惟による認識と言語とがここにある。

苟も人を待する、その好悪する所如何と、その処る所、為す所如何と忖り度り、その心を以て己が心とし、その身を以て己が身とし、委曲体察、これを思いこれを量《はか》るときは、則ち人の過ち毎にその已むことをえざる所に出で、或いはその堪ゆること能わざる所に生じて、深く疾み悪むべからざるもの有ることを知る。油然靄然《ゆうぜんあいぜん》として、毎事必ず寛宥を務め、刻薄を以てこれを待するに至らず、人の急に趨《はし》り、人の艱を拯《すく》うこと、自ずから已むこと能わざらん。その徳の大、限量すべからざるもの有り。孔子の曰く、「身の終ゆるまで以てこれを行うべし」と。また宜《むべ》ならずや。

【訳】かりにも人に応接するときは、何を好み何を嫌うのか、どのような場で何をなそうとするのか、その人の心を自分の心とし、その人の身になって、委曲にわたって体察し、これを思いこれを量るならば、人の過失はつねにやむをえない事情と堪ええない理由から生じるものであることを知るだろう。そのとき油然として、事毎に寛大に宥るす態度をもって人に対し、刻薄の情をもって応対することなく、人の急を聞けば走り、人の難儀を見れば救うことが自然のこととして身に備わるだろう。その徳の大きさは、限量すべからざるものである。孔子が子貢の、「身を終えるまで行なうべきものは何か」の問いに、「それは恕である」(『論語』衛霊公)と答えられたのはもっともなことである。

【評釈】他者理解を懇切に説くこの言葉も、儒家においてめずらしい。しかしこの仁斎の言葉から近世の民衆倫理的な教説も生まれてくるのであろう。孔子の教説が町人学者仁斎によって読まれ、受容されることはどういうことなのかを、「忠恕」をめぐるこの文章はわれわれに教えている。

■第十二講「誠」

誠は実なり、聖人の道は誠のみ――「誠」第一条・第三条・第四条――

「誠」とはすでに何度か触れたように『論語』に見出される概念ではない。誠が中枢的な概念として登場するのは『中庸』においてである。「誠なる者は天の道なり。これを誠にする者は人の道なり」というように、人道の規範的な根拠でもある天道にかかわる概念として誠がいわれている。物がまさしくその物として実に存在し、事がまさしくその事として実に行われること、それが誠である。その誠の規範的あり方を天道に見るのである。天地は正しく運行し、万物は性命の正しさを得て生じる。この天道の誠を朱子は「真実無妄」という。誠は万物の実としてのあり方を規定する根拠である。朱子はこの誠を「実理」といい「実心」という。誠は物の実在にかかわる存在論的概念としては「実理」であり、行為を実ならしめる倫理的概念としては「実心」である。

ところで「主忠信」に孔子の教えの本旨をとらえる仁斎は、宇宙論的・存在論的な誠の概念を批判し、解体し、忠信の義をもって誠をとらえ直そうとしているかに見える。だがなおここに見るように「誠」の章が存在し、誠とは「道の全体」とか、聖人の学の宗旨だといったことが仁斎によっていわれている。「実理」「実心」もまた仁斎によっていわれる。これは一体何なのか。仏教の空理に対して儒教を実理の体系として主張するには、なお仁斎は「誠」の概念を必要としたのだろうか。

◇「誠」第一条

誠は実なり。一毫の虚仮無く、一毫の偽飾無き、正にこれ誠。朱子の曰く、「真実妄無き、これを誠と謂う」と。その説当たれり。然れども凡そ文字、必ず反対有り。その対を得るときは、則ち意義自ずから明かなり。誠の字、偽の字と対す。真実無偽を以てこれを解するの最も力を省くとするにしかず。

【訳】誠とは実である。いささかの虚仮なく、いささかの偽飾もないこと、まさにこれを誠という。朱子は、「真実無妄《むぼう》（真実で妄《みだ》れ無いこと）を誠という」（『中庸章句』）といっている。それは妥当な説である。だが一般に言語には必ず対立語がある。対立語をもって解すると、その語の意義は自ずから明らかである。誠の字は偽の字に対するものである。真実無偽をもってする方が、誠の意義の解明としては省力的である。

【評釈】仁斎は「真実無妄」という朱子の誠字の解を、「真実無偽」に換えることをいう。しかしこでの転換は消極的に主張されている。その方が力を省いた理解だというように。

北渓の曰く、「誠の字、本天道に就いて論ず。ただこれ一箇の誠、天道流行、古より今に及ぶまで、一毫の妄無し。暑往くときは則ち寒来たり、日往くときは則ち月来たる。春生じ了って便ち夏長じ、秋殺《か》れ了って便ち冬蔵《おさ》むる。万古常にかくの如し。これ真実無妄の謂いなり」。

【訳】陳北渓がいっている、「誠字はもともと天道についていうものである。天道とはこれ一個の誠である。天道の流行は、古えから今に至るまで、いささかの妄《みだ》れもない。暑さが去れば寒さが来、日が沈めば月が昇る。生い育つ春が過ぎると成長の盛んな夏となり、秋に枯れ終れば貯える冬が来る。天道の流行は永遠にこのようである。これを真実無妄というのである」と。

【評釈】仁斎による『北渓字義』の引用は必ずしも正確ではない。参考として『北渓字義』「誠」第二条から引いておこう。

誠の字、本天道に就いて論ず。「維《こ》れ天の命、於《ああ》、穆《ぼく》として已まず」。ただこれ一箇の誠。天道流行、古より今に至るまで、一毫の妄無し。暑往けば則ち寒来たり、日往けば則月来たる。春生じ了《おわ》りて便ち夏長じ、秋殺れ了りて便ち冬蔵む。元亨利貞、終始循環、万古常にかくの如し。皆これ真実の道理これが主宰を為す。

然れども春当に温かなるべくして反りて寒く、夏当に熱すべくして反りて冷かに、冬当に寒かるべくして反えりて暖かに、夏霜冬雷、冬桃李華さき、五星逆行し、日月度を失うの類い、固《まこと》に少なからずと為す。豈これを天誠ならずと謂いて可ならんや。蘇子が曰く、「人至らざる所無し。ただ天偽りを容れず」と。この言これを得たり。

【訳】しかしながら春は当然温暖であるはずなのに反って寒く、夏は当然熱いはずなのに反って冷たく、冬は当然寒いはずなのに反って暖かで、夏に霜冬に雷、冬に桃李に花が咲き、五星が逆行し、日月が度をはずれるという類いは、少ないことではない。これらによって天は誠にあらずといってよいだろうか。蘇東坡がいっている。「人知の作為は至らざるところはない。ただ天はいささかの偽詐も許さない」。

【評釈】朱子（陳北渓）は天道流行の万古にわたって真実であるあり方（真実無妄）によって天道の誠をいった。いま仁斎は、天地自然の時に示す異常・変異をもって、天道を誠といっていいであろうかと、疑問を投げかける。しかしそう問いながら、蘇東坡の言葉を引き、一転して、「天は偽りを容れず」という意味で誠だというのである。天とは真実無妄の意味で誠であるのではない。真実無偽の意味で誠だというのである。さきに仁斎は真実無偽という誠字解を消極的にいっていた。だがここでは天道観の差異を前提にして真実無偽がいわれているのである。「天は偽りを容れず」という主宰的な天道観を前提にして仁斎は天の誠（真実無偽）をいおうとするのである。ここから朱子学における宇宙論的・存在論的な誠概念を仁斎は容認しないということはいえるだろう。

◇「誠」第三条

誠とは道の全体。故に聖人の学は必ず誠を以て宗とし、しこうしてその千言万語皆人をしてかの誠を尽くさしむる所以に非ざることなし。所謂仁義礼智、所謂孝弟忠信、皆誠を以てこれが本と為す。しこうして誠ならざるときは、仁は仁に非ず、義は義に非ず、礼は礼に非ず、智は智に非ず。孝弟忠信もまた孝弟忠信為るをえず。故に曰く、「誠ならざれば物無し」と。この故に誠の一字、実に聖学の頭脳、学者の標的。至れり、大なるかな。

【訳】誠とは道の全体である。それゆえ聖人の学は必ず誠をもって大本とする。聖人の説く千言万語はみな誠を尽くすことに行き着かないものはない。いわゆる仁義礼智も、いわゆる孝弟忠信も、皆誠を本としている。だから誠を本とせずして仁は仁でないし、義は義ではないし、礼は礼ではないし、智も智ではない。孝弟忠信もまた孝弟忠信ではない。それゆえ「誠ならざれば物無し」(『中庸』)といわれるのである。誠の一字はこのゆえに聖人の学の要であり、学者の標的である。至極にして大なるものではないか。

【評釈】「誠とは道の全体」という言葉で始まるこの条の文章は、仁斎のものであることをほとんど疑わせる。こうした本体論的な文章は朱子の性理学のものである。本性とか天理とは本体論的概念である。こうした本体論的な概念による思惟の構成に仁斎は反対してきたのではないのか。なぜ仁斎は誠を本体論的な概念として、「誠とは道の全体」などというのだろうか。仁斎は「誠とは実なり」の定義にしたがって、徹頭徹尾聖人の学とは実であることをいおうとしているのだろうか。後の第四条でいうように聖人の学が実であることが、仏氏の空、老氏の虚に対していわれるとすれば、「聖人の学は誠をもって宗とする」とは、聖人の学とは人倫の道の学すなわち実学にほかならないことをいっていると考えられる。聖人の学も、その道も、その教えも人倫を外にしてはないことを、仁斎は誠をもっていおうとしているのではないだろうか。仁斎のこの本体論的な文章を私はかろうじてこのように解するのである。

◇「誠」第四条

聖人の道は誠のみ。なお仏氏空と曰い、老氏虚と曰うがごとし。言うこころは、聖人の道実理に非ずということなし。しこうして実と虚とは、なお水火南北のごとく、一彼一此、懸隔離絶、相入らず。（以下略）

【訳】聖人の道は誠のみである。それはちょうど釈迦が空といい、老子が虚というのに対している。ということは、聖人の道は実理以外のものではないということである。まことに実と虚とは、あたかも水と火、南と北のように彼と此とは相懸隔し、相離れて交わることはない。（以下略）

■第十三講「学」

孔孟の道と学問の意味――「学」第一条・第二条・第四条――

仁斎が五十九歳のときに書いた文章がある。「浮屠道香師を送る序」と題された文章である。その冒頭で仁斎は学に寝食を忘れた若き日を回想している。「余少き時甚だ学を好む。寝食を忘れ、百事を廃し、ただ学これ耽り、名のために進まず、利のために務めず、（中略）およそ飲食談笑、出入応接、野遊郊行、山を望み水を瞰《のぞ》み、および里巷の歌謡を聆《き》き、市上の戯場を観るに至るまで、機に触れ事に随い、みなわが進学の地にあらずということ靡《な》し」。学を好むことにおいて人後に落ちない少年であったことを仁斎は記している。私がここでこの文章を引くのは、彼が「学を好む」というとき、その学とは何かを知りたかったからである。すでに十歳にして『大学』を読み、その感慨を記した仁斎にとっての学とは儒家経書をはじめとする漢籍を主とする学であった。仁斎はそれらの書を読み、日常の見聞に照らし合わせて考え、博く、そして深く学んでいったのであろう。仁斎は僧道香師に同じ好学の人を見ている。「釈の道香師、博く学んで厭わず、遍く大蔵経を読み、玄理を譚《たん》じ、津津如《しんしんじょ》たり。又深くわが聖人の道に嚮《む》かい、詩書語孟よりして下、閩洛《びんらく》の諸君子の書に至るまで、渉猟探討、云々」と、道香師の学者ぶりを記している。
いま学とか学問といえば、われわれは仁斎がこの文章に記したような学・学問を考えるだろう。だが『語孟字義』の「学」の章に見る学とは、仁斎が若き自分の好学の日々を振り返って記したような学問ではないのである。ここでいう学とは何か。「浮屠道香師を送る序」の文章のその先を追って見てみよう。道香師は閩洛《びんらく》の諸子の書を読むにいたって、宋儒の説が孔孟の道と差うことを覚り、京師の仁斎が古学を講ずることを聞き、遠く豊州から訪ねてきたのである。「予ためにその紕繆を剖別してもってこれに告ぐ。師一度これを聞いて、便ち釈然たり」。道香師もやがて豊州に帰る日となった。彼は仁斎に、「願わくはわがために一言を述べて、もって学をなすの法を示」すことを請うた。「浮屠道香師を送る序」には仁斎がその要請に応えた言葉が記されている。ところで『語孟字義』にわれわれがいま読もうとしている「学」とは、まさしく仁斎が道香師の請いに応えようとした学の法ではないか、と私には思われるのである。これは道香師が尋ねた宋儒の説とは差う孔孟の道の本旨とそれを学ぶこととは何かということである。ここにあるのは孔孟の道の学、すなわち仁斎古学という学問の道（方法）である。

学は効なり、覚なり

◇「学」第一条

学とは效なり、覚なり。效法して覚悟するなり。按ずるに古の学の字は即ち今の效の字なり。

故に朱子集註に曰く、「学の言たる效なり」。白虎通に曰く、「学は覚なり。知らざる所を覚悟するなり」。学の字の訓、この二義を兼ねて、しかる後その義始めて全たし。所謂效とはなお書を学ぶ者初めただ法帖を臨摹《りんも》し、その筆意点画を效うことを得るがごとし。所謂覚とはなお書を学ぶこと久しうして、しかる後自ずから古人筆を用いるの妙を覚悟するがごとし。一義の能く尽くす所に非ず。集註に曰く、「後覚の者は必ず先覚の為る所を效う」と。また覚の字の意を含めて在り。学者多く察せず。

【訳】学とは效、すなわち效《なら》うことである。また覚、すなわち覚ることである。法（手本）に效うことで、覚ることである。考えてみるに古えの学の字は今の效の字である。それゆえ朱子の『集注』はいう、「学とは效うことをいう」と。『白虎通』は、「学とは覚である。知らないところを覚ることである」という。学の字を解するのに、この二義を兼ねてはじめてその意味は完全である。效とは、ちょうど書を学ぶものが最初手本を写しなぞり、筆使いや点画を習得するようなことである。覚とは、ちょうど書道を久しく学ぶものが、自ずから古人の筆使いの妙を覚ることがあるようなことである。学は一義をもってその意を尽くしえない。『集注』は学を解して、「後覚の者は必ず先覚のするところを效う」ともいう。そこには效とともに覚の意を含めている。学者の多くは、この点を察しない。

◇「学」第二条

学問は当に聖人立教の本旨如何を識るべし。ここに於て一たび差《たが》えば、必ず異端に入る。怕《おそ》るべし。仏氏専ら性を貴んで、道徳の最も貴しとすることを知らず。聖人専ら道徳を尊んで、心を存し性を養うは、皆道徳を以てこれが主とす。それ天地に充満し、古今を貫徹し、自ずから摩滅せざるの至理有り、これを仁義礼智の道とし、またこれを仁義礼智の徳とす。所謂道徳の最も尊しとするものは、これのみ。

【訳】学問はまさに聖人が教えを立てた本旨（根本の趣旨）を認識すべきである。この認識で一度誤るならば、必ず異端に入ることになる。恐るべきことだ。釈氏は専ら本性を大事にし、道徳がもっとも貴重なものであることを知らない。聖人は専ら道徳を大事とし、心を維持し、性を育てることも、皆道徳をもって主としたのである。天地に充満し、古今を貫徹して、摩滅することのない至上の道理がある。これを仁義礼智の道とし、またこれを仁義礼智の徳とする。道徳がもっとも貴重だとするのは、それが仁義礼智の道であり、徳であるからである。

【評釈】聖人の教えの本旨は、道徳を普遍的な教えとして人びとに提示したことにあると仁斎はいう。人間にとって道徳こそがもっとも大事だというときに、仁斎は釈氏における本性の尊重を対立的にいっている。彼が釈氏をいうことの背後には朱子らの性理学がある。聖人の教えとは心性の教えではない、道徳の教えであること、これがまず第一に、そして根本において確認されなければならないのである。仁義礼智とはこの道徳の四つの指標である。道徳は仁義礼智の道であり、仁義礼智の徳である。道・徳とは行為が由る普遍的規準であり、心の拡充が向かう目的である。

孔子曰く、「道二つ、仁と不仁とのみ」。孟子曰く、「仁は人の安宅なり。義は人の正路なり」。又曰く、「天下の広居に居り、天下の正位に立ち、天下の大道を行う」と。けだし温和慈愛、含弘物を容るる、これを仁と謂う。これに反すれば、則ち残忍刻薄の人たり。弁別取舎、截然として紊《みだ》れざる、これを義と謂う。これに反すれば、則ち貪冒《たんぼう》無恥の人たり。尊卑貴賤、品節等有る、これを礼と謂う。これに反すれば、則ち僭差《せんさ》暴慢《ぼうまん》の人たり。是非分明、善悪惑うこと無き、これを智と謂う。これに反すれば、冥然として覚ること無きの人たり。

【訳】孔子は、「道は二つ、仁か不仁かである」（『孟子』離婁上）という。孟子は、「仁は人の安宅であり、義は人の正路である」（離婁上）といい、また、「天下の広居に居り、天下の正位に立ち、天下の大道を行う」（滕文公上）という。思うに、温和で慈愛の心をもって、弘く物を包み、人を容れる、これを仁という。これに反する不仁とは、残忍刻薄の人をいうのである。弁別取捨に当たって、截然として乱れることがないのを義という。これに反する不義とは、貪心無恥の人をいうのである。尊卑貴賤が秩序にしたがって整っている、これを礼という。これに反する不礼とは、地位を僭称し、驕慢なる人である。事の是非が明かで、善悪に惑うことのないのを智という。これに反する不智とは、物事に暗く善悪を覚ることのない人である。

人道の極・仁義礼智の定立

仁の極を推すときは、則ち堯の「四表に光《あらわ》れ被《およ》び、上下に格《いた》る」、これなり。義の極を推すときは、則ち「これを禄するに天下を以てするも顧みざる」、これなり。礼の極を推すときは、則ち「天高く地下《ひく》く、万物散殊する」、これなり。智の極を推すときは、則ち「百世以て聖人を俟ちて惑わざる」、これなり。人心に徧ねく、四海に準じ、これに由るときは、則ち人たり、これに由らざるときは、則ち禽獣たり。故に聖人この四者を立て、以て人道の極となして、人をしてこれに由って、これを行わしむ。故に易に曰く、「人の道を立つ、曰く仁と義と」。中庸に曰く、「智仁勇の三者は、天下の達徳なり」。これを明かせば、ここに有道の人たり。これを得れば、ここに有徳の人たり。

【訳】仁の極みを推していけば、堯の徳は「四海の外に輝きわたり、天地に満ち充ちる」（『書経』堯典）がそれである。義の極みを推せば、「義にあらざれば、禄するに天下をもってしても顧みない」（『孟子』万章上）がそれである。礼の極みを推せば、「天は高く、地は低く、その間に万物がそれぞれに在る」（『礼経』楽記）がそれである。智の極みを推せば、「百世後の聖人を埃ってても惑うことがない」（『中庸』）がそれである。仁義礼智の道徳は遍く人心にわたり、四海に及び、これに由るときは、はじめて人であり、これに由ることがなければ、それは禽獣である。それゆえ聖人はこの仁義礼智の四者を人道の極（標準）として定立し、人をしてこれを標準として行わせたのである。だから『易』には「人の道を立て、それを仁と義という」(説卦)という。また『中庸』は「智仁勇は天下の達徳である」という。仁義礼智の道たるゆえんを明らかにするとき、そこに有道の人がいる。仁義礼智の徳を目標に勉めるとき、そこに有徳の人がいる。

【評釈】仁斎はここで仁義礼智が道徳の極(標準)として聖人によって定立されたことを明らかにする。仁斎において仁義礼智は道徳性すなわち本性的概念ではない。それは人間世界を構成し、支える道徳的規準であり理念である。道徳性が人間の内部的な心性的概念としてあるのに対して、道徳的規準は人間の外部的な社会的概念として構成される。人間の本性としての道徳性は天人合一的に天理によって根拠付けられる。では社会的な概念としての道徳的規準は何によって正当な規準としての根拠をもつのか。仁斎はそれを聖人による定立として説くのである。「故に聖人この四者を立て、以て人道の極となして、人をしてこれに由って、これを行わしむ」という言葉は、仁義礼智が道徳性といった自然的概念ではなくして、社会の道徳的規準といった制作的概念であることをいっている。この聖人の道の制作性は徂徠の先王の道にいたっていっそう明らかとなる。

仁斎は、仁義礼智を孔子とともに、われわれに方向を指し示す北辰のごとき指標としてとらえたのである。仁斎における道徳論的転換の意味をわれわれはまだ十分に理解していない。ところで道徳の標準としての仁義礼智が聖人の定立になるものであるとき、人の心性は仁義礼智と基本的に切り離されている。それとの内的な結びつきをもっていない。ではわれわれはどのようにして仁義礼智を目標としながら、この世界に道徳を実現することができるのか。人びとそれぞれの心性と天下の徳・仁義礼智との間を結びつけ、その育成充実の努力をつうじて、この世界に仁義礼智の実現を求めていくこと、それを仁斎は学問だというのである。

人の性は限り有りて、天下の徳は窮り無し。限り有るの性を以て、窮り無きの徳を尽くさんと欲せば、苟も学問に由らざるときは、天下の聡明を以てすと雖も能わず。故に天下学問の功より貴きは莫し。また学問の益より大なるは莫し。しこうしてただ以て我が性を尽くすべきのみに非ず、以て人の性を尽くすべし。以て物の性を尽くすべし。以て天地の化育を賛くべし。以て天地と並び立ちて参たるべし。もし学問を廃して専ら我が性に循がうときは、則ち翅《ただ》に能く人物の性を尽くして、天地の化育を賛くることあたわざるのみにあらず、必ずや我が性と雖もまた尽くすこと能わず。

【訳】人の性はそれぞれの性として限りがあるが、天下の徳は窮まりない。この限りある人の性を尽くして天下の徳に至ることを欲するなら、天下の聡明といえども学問によらざれば不可能である。それゆえ天下に学問の功より貴いものはない。また学問の益より大きいものはない。そして学問をもって己れの性を尽くすだけではなく、人の性をも尽くすべきであり、物の性をも尽くすべきであり、天地の生生化育を助けるべきであり、天地と並び立つ参たる人間になるべきである。もし学問を廃してただ己れの性に循がうときは、人や物の性を尽くして、天地の生生化育を助けることができないばかりでなく、きっと自分の性をも尽くしえないのである。

【評釈】人の性をめぐるここの論述は、『中庸』の「唯天下の至誠のみ、能くその性を尽くすと為す。能くその性を尽くせば、則ち能く人の性を尽くす。能く人の性を尽くせば、則ち能く物の性を尽くす。能く物の性を尽くせば、則ち以て天地の化育を賛くべし。以て天地の化育を賛くべくんば、則ち以て天地と参なるべし」（『中庸章句』二二）によっている。『中庸』のこの文章は天下の至誠すなわち聖人の大いなる働きをのべたものである。仁斎はこれをそれぞれにおける学問を介した尽性の努力と解そうとしている。尽性すなわち性を尽くすとは、性としての心の持ち前を十全に発揮することである。仁斎は人の人たる性を四端の心だとしている。したがって四端の心を育て、拡充していくことが性を尽くすことである。仁斎はこの拡充の努力を学問という。『中庸』が聖人を称賛しながら、聖人の働きとして述べたあの「天地と参なるべし」に至る言葉を、仁斎は人びとにおける四端の拡充という、聖人の道の学びにおいてとらえ直してしまうのである。これは本当にすごいことである。なお『孟子』の「その心を尽くす者は、その性を知ればなり。その性を知れば、則ち天を知るなり」（尽心上）をこう注解している。「心を尽くすとは、四端の心を拡充して、その極に至るを謂うなり。性を知るとは、自ら己れの性の善にして、悪無きを知るを謂うなり。言うこころは、自ら能くその心を尽くす者は、その性の善、以て拡充すべきを知ればなり。いやしくも能くその性の善を知れば、則ち天を知るもまた自ずからその中に在り。蓋し性は即ち天の命ずるところ、善にして悪無し。故に曰く、性を知れば則ち天を知ると」（『孟子古義』巻七）。

故に孟子曰く、「人のこの四端有るや、猶その四体有るがごとし」。「凡そ四端の我に有る者、皆拡めてこれを充つることを知らば、火の始めて然え、泉の始めて達するがごとし。苟も能くこれを充つれば、以て四海を保つに足る。苟もこれを充てざれば、以て父母に事うるに足らず」。所謂「以て四海を保つに足る」者は、仁義礼智の効験を言う。それ四端の我に在る、猶涓々《けんけん》の泉、星々の火、萠蘖《ぼうげつ》の生のごとし。苟もこれを拡充して、仁義礼智の徳を成すときは、則ち猶涓々の水、以て海に放《いた》るべく、星々の火、以て原を燎くべく、萠蘖の生、以て雲に参《まじ》わるべし。故に曰く、「苟もその養を得れば、物として長ぜずということ無し。苟もその養を失うときは、物の消ぜずということ無し」。所謂充、所謂養は即ち学問を以て言う。

【訳】それゆえ孟子は、「人にこの四端の心があるのは、ちょうど人に四体があるのと同様である」といい、「およそ四端を我に有するものは、みなこれを育て拡充することができれば、火がはじめて燃え出し、泉がはじめて湧き出すようである。流れる水を充大していけば、四海をも保ちうるのである。だがもしこれを拡充することがなければ、父母に事えることにさえ不足する」（公孫丑上）といっている。孟子が「四海をも保ちうる」といっているのは、仁義礼智が天下を保つ道徳的効験をいうのである。我の有する四端とは、ちょうどちょろちょろと湧き出す泉、星のような一点の火、萌え出る小さな芽生えのようである。もしこれを拡充して仁義礼智の道徳を成すならば、それはあの僅かに湧き出た泉が海に流れ入る大河となり、一点の火が燎原の火となって燃え広がり、小さな芽生えが雲に達する大樹となりうるようである。それゆえ孟子は、「いやしくも養いを得れば、物として成長しないものはなく、養いを失えば、物として消え尽きないものはない」(告子上)というのである。ここで充たすといい、養うというのは、学問をいうのである。

【評釈】仁義礼智とは天下の道徳である。天下すなわち人間世界の全体は仁義礼智を道徳的公準とし、これを道徳的基底として成立する。仁義が人間の正路であり、人間の安宅だというのはそういう意味である。ではわれわれ個々人はこの人間世界をどのように支え、どのようにその充実に寄与するのか。もともとこうした人間世界の全体(天下)にかかわる問題とそれについての配慮とは、聖人・聖王に属することであった。天下の人物の性を尽くして、天地の化育を賛け、もって天地と並び立つのは聖人であった。その聖人は後世のわれわれに教えを残したのである。仁斎にとっては宇宙第一の聖人・孔子の万世不易の教えである。徂徠にとっては先王の道の教えである。後世のわれわれはこの教えにしたがってはじめて世界の全体へのわれわれのかかわり方、世界の充実へのわれわれの寄与のあり方を知るのである。学者とはこの教えを経典から読み出し、説き出すものをいうのである。朱子も仁斎も徂徠もそのような意味で学者なのである。学者とは人間世界についての教えを人に代わってまず経典に読む人である。仁斎の『語孟字義』も徂徠の『弁名』も、彼らがこの教えをどう読んだかの記録である。これらの書を読むわれわれは、彼らにしたがってもう一度、聖人たちの教えを、すなわち世界とのわれわれのかかわり方をめぐる教えを読み直すのである。

ところで人間の存在の意味や行為の価値は人間世界の全体とのかかわりから導き出されてくる。聖人の教えとはそのことを教えるのであり、学者はその教えを説き出すのである。仁斎がいまここに説くのもそのことである。この我はどのように世界にかかわり、その道徳的な成立にどのように寄与しうるのか。仁斎はこの我を人間特有の性（持ち前）をもった存在ととらえるのである。人が四端の心をもつことは、人が四体を具えることと同様である。四端の心とは、人と傷みを分かち合う惻隠の心をはじめとして、人との連帯からなる世界を成立させる心性である。人の具える四端の心を大事に育て、拡充していくならば、人間世界は充実した道徳的世界として成立するだろう。この拡充の努力を仁斎は学問という。聖人の教えにしたがった、人間世界の道徳的成立に向けてのわれわれの心性の拡充の努力を仁斎は学問というのである。

仁斎は四端の心をめぐる拡充の論を孟子にしたがって説いている。たしかに『中庸』や『孟子』を介することによって、孔子の人の道の教えを一つの道徳論的な体系において解することができるのである。仁斎は『論語』の人の教えを『孟子』によって人間の道徳世界の議論として再構成するのである。『語孟字義』とはそのような仕事である。ということは聖人の教えを人間世界の全体（天下）へとわれわれを関係づける教えとしてとらえ、聖人こそがこの全体（天下）への視点と配慮とをもった存在だという見方が成立するのは、『中庸』や『孟子』、あるいは『礼記』にいたってだということである。このことは後の第四条における「意味・血脈」論に関連することである。

人の性、善なりと雖も、然れどもこれを充てざれば、以て父母に事うるに足らず。則ち性の善、恃むべからず。而して学問の功、最も廃するべからず。故に曰く、「限り有るの性を以て、窮まり無きの徳を尽くさんと欲す。学問に由るに非ずして、それこれを能くせんや」。然れども性の善に非ざるときは、則ち学問の功と雖も、また施す所無し。故に性の善貴ぶべく、学問の功大なり。これ孔子の性に率がうを以て言とせずして、専ら学問を以て人に教える所以なり。而して孟子、屢性善を道《い》うて、拡充の功を以てその要とする所以なり。これ聖門立教の本旨なり。

【訳】人の性は善であるとはいえ、それを育て充大することをしなければ、父母に事えるにも足りない。性の善、それだけに頼ることはできない。学問を廃しては決してならない。それゆえ私は、「この限りある人の性を尽くして天下の徳に至ることを欲するなら、学問によることがなければ不可能だ」というのである。だがもし人の性が善でなければ、学問の力をもってしても、その力を用いるところがない。それゆえ性の善を貴しとし、学問の力を大だとするのである。これこそ孔子がただ「性に率がえ」と説いたりはせずに、専ら学問の必要を人に教えたゆえんである。また孟子がしばしば性善をいいながら、その拡充の功をその要所で説いているゆえんである。これこそ孔子聖門の教えの本旨である。

◇「学」第四条

学問の法、予岐ちて二とす。曰く血脈、曰く意味。血脈とは、聖賢道統の指《むね》を謂う。孟子の所謂仁義の説のごとき、これなり。意味とは、聖賢書中の意味、これなり。蓋し意味は本血脈中より来たる。故に学者当にまず血脈を理会すべし。もし血脈を理会せざるときは、則ち猶船の柁無く、宵の燭無きがごとく、茫乎としてその底止する所を知らず。然れども先後を論ずるときは、則ち血脈を先とし、難易を論ずるときは、則ち意味を難きとす。何となれば血脈は猶一条路のごとし。既にその路程を得るときは、則ち千万里の遠きもまたこれ従りして造《いた》るべし。意味のごときは、則ち広大周徧、平易従容、具眼の者に非ざるよりは、識ることを得ず。予嘗て謂えらく、「語孟の二書を読む、その法自ずから同じからず。孟子を読む者は当にまず血脈を知るべし。而して意味自ずからその中に在り。論語を読む者は当にまずその意味を知るべし。而して血脈は自ずからその中に在り」。

【訳】学問の法を私は二つに分ける。一つは血脈であり、もう一つは意味である。血脈とは、聖賢の道統に継承される道の大旨である。孟子がいう仁義の説がこれである。意味とは、聖賢書中における意味である。思うに意味は血脈中から来るものである。それゆえ学者はまず血脈を理解すべきである。もし血脈を理解しなければ、それは柁のない船で進み、灯りなしに暗闇を行くようなものである。ぼんやりとしていて行き着くところも分からない。だが先後から論ずれば、血脈が先であるが、難易から論ずれば、意味の方が難しい。なぜなら血脈とはちょうど一筋の道路のようであり、その道筋を知れば、千里の遠い地点にまで至ることができる。意味とは、それと違って、広大周遍で、しかも平易従容としていてとらえどころなく、具眼の士にしてはじめて理解することができる。私はかつてこう考えた。「語孟の二書を読む法は自ずから同じではない。『孟子』を読むものは、まず血脈を把握すべきである。意味は自ずからその血脈中にある。『論語』を読むものはまず意味を理解すべきである。血脈は自ずからその意味中にある」（同志会筆記）と。

【評釈】仁斎はここで学問の方法を二つに分けて、血脈と意味とをいっている。血脈とは「聖賢道統の指」といい、意味とは「聖賢書中の意味」と仁斎はいうが、そう説かれても分かるわけではない。この第四条とほぼ同文のものが「同志会筆記」にある。そこでは血脈を「聖賢学問の条理」といっている。孟子のいう仁義の説のごときは、孔子の学の条理をとらえたものであり、それは孔門道統の学の大旨を示すものだというのである。仁義論といった議論の展開を孔子はしない。『論語』にはそのような道徳の根幹概念をめぐる議論の展開はない。にもかかわらず孟子の仁義論を孔子の学の血脈に立つものだと仁斎はいうのである。仁義論は孔門の学の根柢的条理を、あるいは思想的大旨を間違いなくいうものだからである。だから仁義論とは端的に孔子の道の論といっていいのである。こう見てくると血脈論とは、『孟子』のとらえ方、読み方にかかわる論だとみなされてくる。

では血脈に対する意味とは何か。意味とは、われわれが今、その言葉の意味を辞書によって調べるというような意味ではない。仁斎は意味について、「広大周偏、平易従容、具眼の者に非ざるよりは、能く識ることあたわず」といっている。「同志会筆記」では、「広大周偏、含蓄従容」となっている。いわれている事は広く、だれにでも通用することであり、言葉も平易で当たり前のものである。だがそこにある意味を深く味読できるのは具眼の士にかぎられるというのである。ここで仁斎が「聖賢書中の意味」という「書」として考えているのは『論語』である。『論語』における孔子の教えの言葉を仁斎は考えているのである。そこに見る孔子の言葉は、後の孟子とは異質である。孔子は仁者の心をいい、仁人の行いをいうけれども、仁義の説をいうのではない。孔子の言葉は平易である。だがその意味は深い。だから意味とは『論語』における孔子の言葉の読み方にかかわるのである。朱子もまた『論語集注』の序説の最後に程伊川（頤《い》）の「頤、十七、八より論語を読み、当時已に文義を暁る。これを読むこと愈よ久しくして、但意味の深長なるを覚ゆ」という言葉を引いている。仁斎もまた『論語』の孔子の言葉を前にしてその意味の深さを年ごとに思っていったのであろう。仁斎はこういっている。

論語のごときはその語平淡にして、意味深長。故に漢人と雖も、またその理到り道到り、広大周偏、高く六経の上に出ることを知らず。（『童子問』上）

論語は専ら教えを言い、道その中に在り。孟子は専ら道を言い、教えその中に在り。

（『論語古義』綱領）

仁斎は『論語』における孔子の教えの言葉の深い意味を思いながら、その教えを儒家としての己れの言説上に言語化、概念化していく道を『孟子』によってえたのである。仁斎の意味・血脈論は彼の儒家言説構成のあり方をも教えている。

■第十四講「王覇」

王覇の弁は儒者の急務――「王覇」第一条〜第三条――

王とは天下を保ち、治めるものの称である。覇とは諸侯の長、旗頭をいう。諸侯の長にして、天下を統一したものを覇者という。王覇の弁とは、天下に覇を唱えようとする諸侯の抗争が常態化し、覇者による天下の統一が現実的問題となった時代に生じる議論である。天下の王たるものは何かが、覇権確立的志向者との区別の上で論じられてくるのである。日本でいえば天下人が登場する戦国時代の議論であろう。まさしく中国で覇者による天下統一が現実性をもってきた戦国時代に成立する議論である。仁義という道義性を思想基盤にする儒家は王道概念を構成して、権力主義的統治に批判的に対向する。孟子はその立場を代表し、彼によって王道に対して覇道概念が批判的に構成されてくる。孟子による王覇の弁の基本的な構成を見ておこう。

孟子曰く、力を以て仁を仮る者は覇たり。覇は必ず大国を有《たも》つ。徳を以て仁を行う者は王たり。王は大を待たず、湯は七十里を以てし、文王は百里を以てせり。力を以て人を服する者は、心服せしむるに非ざるなり、力贍《た》らざればなり。徳を以て人を服せしむる者は、中心より悦びて誠に服せしむるなり、七十子の孔子に服せるが如し。

（『孟子』公孫丑上、岩波文庫）

道徳によって天下を治めるものを王といい、権力によって天下を治めるものが覇者であるという辞書的な王覇の別はここから生まれてくる。ところで現実的には覇者による天下統一へと中国の政治状況は向かっていた。そこから儒家の統治論を孟子における批判主義的王道論とは別に、覇道をも相対的に肯定する統治論として再構成する立場が儒家にも生まれてくる。これが荀子の王覇論である。国家の統治を最上の課題とする彼らによって法家思想が形成されてくる。荀子は王覇をめぐってこういっている。

国とは天下の利用なり。人主とは天下の利勢なり。道を得て以てこれを持すれば、則ち大安たり、大栄たり、積美の原《みなもと》たらん。道を得て以てこれを持するにあらざれば、則ち大危たり、大累たり。これを有つともこれ無きに如かず。その綦《きわみ》に及んでは匹夫たらんことを索《もと》むるとも得べからざるなり。（中略）故に国を用《おさ》むる者は義立てば而《すなわ》ち王たり。信立てば而ち覇たり。権謀立てば而ち亡ぶ。三者は明主の謹しみ擇ぶ所なり。仁人の務めて白《あきら》かにする所なり。

国なる者はこれを巨用すれば則ち大、これを小用すれば則ち小なり。大を綦《きわ》むれば而ち王たり。小を綦むれば而ち亡び、小と巨と分《なかば》して流るるは存せん。これを巨用するとは義を先にし利を後にし、すなわち親疏を卹《かえり》みず、貴賤を卹みず、ただ誠能をのみ求む。それこれを巨用するというなり。これを小用するとは利を先にし義を後にし、すなわち是非を卹みず、曲直を治めず、唯便辟《べんへき》の己れに親しみ比《おも》ねる者をのみ用う、それこれ小用すると謂うなり。これを巨用するは彼の若くし、これを小用するは此くの若くし、小と巨と分して流るるはまた一《ある》いは彼の若く、一いは此くの若くするなり。故に粋（全）たらば王たり、駁《ばく》（雑）たらば覇たり、一も無ければ亡ぶ、と曰えるは此れを謂うなり。

（『荀子』王覇篇、岩波文庫）

孟子の王覇論とは別のもう一つの王覇論であることを見るべきだろう。では覇者徳川氏によって統一された天下で、町人儒家として立つ仁斎はどのような王覇論を展開するのか。

◇「王覇」第一条

王とは天下を有《たも》つの称なり。覇とは諸侯の長なり。当初、いまだ王覇の弁有らず。文武の後、王綱紐を解き、号令天下に行われず。桓・文互いに興り、与国を約し、会盟を務めて、徳を以て天下を服すること能わず。ここに於いて王覇の弁興る。必ず覇を以て非とするに非ざるなり。文王の西伯と為るを観て見るべし。後世また皇帝王覇の論有り。儒者これを誦す。然れども孔子の言わざる所、孟子の論ぜざる所。蓋し戦国縦横雑家の説、これを闕いて可なり。

【訳】王とは天下を保有する者の称である。覇とは諸侯の指導者である。はじめ王覇の区別はまだなかった。周朝創立期、すなわち文王・武王の時代が過ぎ、ようやく天下の王的秩序がゆるみ、号令は天下に行き届かなくなった。こうして斉の桓公・晉の文公がつぎつぎに興起し、相互協力を約束し、同盟を誓い合い、かくて徳を以て天下を治め、人民をその統治に服せしめることがで

きなくなった。ここにおいて王覇区別の論が起こってきたのである。覇者たることを必ずしも非とするのではない。文王は西伯に任ぜられた事実を見るべきだろう。後世になって皇・帝・王・覇の別がいわれ、儒者はそれを唱えたりする。しかしそのようなことを孔子はいわないし、孟子も論じていない。それは思うに、戦国時代の縦横雑家といった戦略家たちの説である。それは無視してよい。

◇「王覇」第二条

王覇の弁は、儒者の急務、明らかに弁ぜずんばあるべからず。孟子の曰く、「力を以て仁を仮る者は覇たり。徳を以て仁を行う者は王たり。力を以て人を服する者は、心服に非ざるなり。力贍《た》らざればなり。徳を以て人を服する者は、中心悦びて誠に服するなり」。これ王覇の弁なり。荀子に曰く、「粋にして王、駁にして覇」と。その言近似すと雖も、然れども推度《すいたく》の見、王道を知る者の言に非ず。蓋し王者の民を治むるや、子を以てこれを養う。覇者の民を治むるや、民を以てこれを治む。子を以てこれを養う、故に民もまた上を視ること父母の如し。民を以てこれを治む、故に民また上を視ること法吏の如く、重将の如く、奔走供給、その命に従うことこれ暇《いとま》あらず。然れども実は心服に非ず。禍有れば則ち避け、難に臨むときは則ち逃れ、君と患難を同じうせず。その心を設くるの異なること、毫釐《ごうり》の間に在りて、民の上に応ずる所以のもの、霄壌《しょうじょう》の隔たり有り。徒らに粋駁の異のみに非ず。

【訳】王覇の別を明らかにすることは儒者の急務である。明確に論じなければならない。孟子はいっている。「民を治めるのに力をもってして、仁を見せかけに借りるのは覇道である。徳をもって治め、仁を行うのが王道である。力をもって人民を支配しても、人民は心から服しているのではない。力足らずして服しているだけだ。徳をもって治めれば、人民は中心から喜び、ほんとうに服するのである」（公孫丑上）と。これが王覇の区別である。荀子は、「義に純粋であるのが王道、義と利とが混雑するのが覇道」（王覇）だという。その言葉は孟子の王覇の弁に近いようであるが、それは勝手な推し量りであり、王道を知るものの言ではない。思うに王者が民を治めるのは、民を子として養うことである。それゆえ民もまた上をあたかも父母の如く見るのである。覇者が民を治めるのは、これを服すべき人民として治めるのである。それゆえ民もまた上を法吏のごとく、厳めしい将官のごとく見て、走り回っては物を集めて納め、ただ命令に従って暇がない有様である。しかしこれは心から服しているのではない。国に禍いが及べば避難し、難儀に直面すれば逃れるだけで、決して民は患難を君と同じくすることはない。治に当たる者の心がけのわずかな差が、民における上への対応に天地の隔たりをもたらすのである。王覇の差異がもたらすのは、純粋・混合といった差異どころではない。

【評釈】仁斎は王覇の弁は儒者の急務だという。これを急務だとする認識は仁斎に特有のものであって、一般的なものではない。覇者徳川氏の治世にあって王覇論は必ずしも一般に許される議論の主題ではない。王覇論をもつ『語孟字義』が例外的である。むしろなぜ仁斎に王覇論があるのか、なぜそれが可能であったのかを考えるべきだろう。仁斎の王覇論は権力の正当性の論議を含むものではない。覇者徳川氏による天下統一と武家政権成立の正当性をめぐる議論は、たとえば新井白石の『読史余論』などの歴史論において徳川政権存立の歴史的正当性を弁証するものであった。白石は覇者徳川氏こそ歴史的にはむしろ真の王者であるとして、幕府による王道政治の実現を説こうとしたのである。時の権力をめぐるこうした視点を仁斎がもつことはない。市井の儒者である仁斎にそうした視点をもつこと自体が不可能であったであろう。仁斎の王覇論とはむしろ下からの、民の側からの徳治あるいは仁政の要求という性格をもっている。覇者権力がいう徳治あるいは仁政とは、孟子がいうように権力がとる道徳主義的仮装であり、それはむしろ覇者権力のいう常言となる。だが仁斎は徳治・仁政を民の側からいおうとしているのである。そこから王覇の明確な区別が主張されてくる。王道が道徳中心の温情主義的統治とされることに応じて、覇道は法刑中心の権力主義的統治として対極的に規定されてくる。こうした王覇の両極化というのは、民の側からの要求の言説としてはじめてあると考えるべきだろう。覇者による権力主義的統治の下にある人民の姿を伝える『語孟字義』の文章は、仁斎がどこから王覇論を構成しているかを明らかにしている。これは徳治・仁政の要求として、民の視点から構成される王覇論である。

◇「王覇」第三条

王者は徳を以て本とし、而も未だ嘗て法無くんばあらず。然れども法はその徳を敷く所以にして、その恃《たの》む所に非ず。覇者は法を以て本とし、而も徳を仮りて以てこれを行う。然れども真にその徳有ること能わず。五覇互いに没し、時世益《ますます》衰うるに及んで、専ら法術に任じて、また徳を仮ることを知らず。ここに於て刑名の学有り。王は覇を雑うるを待たず。覇は法術に任ずるを待たず。而して法術に任ずる者は覇に当たること能わず。覇は王に当たることを得ず。蓋し大は能く小を制し、小は大に敵する能わず。

【訳】王者は徳をもって本とするが、しかし法の立場が王者に無いわけではない。ただ法とは徳を施す手段であって、法に依存するのではない。覇者は法をもって本とし、徳を仮装して実施するのである。しかし真に徳があるわけではない。覇者が興り、やがて五覇もつぎつぎに没し、時世はますます衰えていった。かくて諸侯はもっぱら法術を重用して、徳を仮りることさえしなくなった。こうして刑名（法律）の学が登場することになった。だが王道は覇道の混入を許すことはない。覇道も法術に頼ることはない。しかも法術に頼るものは覇者に敵することはできない。覇者は王者に敵することはできない。けだし大はよく小を制し、小は大に敵しえない道理である。

【評釈】この「王覇」章の第三条はやや複雑な議論を展開している。ここでの議論は荀子の王覇論を前提にしている。本章の前文に引いた荀子の言葉が示すように、荀子は王・覇・亡の三者を立てて論じている。王道と亡道とが両極をなしている。国家を大用するのが王道であり、小用するのが亡道である。道義に純粋に立ち、徳によるのが王道であり、私利・私欲に立ち、専ら力によるのが亡道である。そして王亡の中間に、両者を混ぜもつ覇道を荀子はいうのである。国家経営の現実的なあり方は覇道だと荀子はしているのだろう。ところで仁斎はまずこの荀子における王・覇・亡の三者を、王道から覇道へ、そして法術主義(刑名の学)にいたる歴史の経緯としてのべている。そしてこの歴史の推移に抵抗するように、王道の純粋は覇道の混雑をもっては敵しえない。また徳を仮る覇道は、徳を捨てた法術主義の敵ではないといい、大はよく小を制し、小は大に敵しえない道理をいって仁斎はこの王覇論を閉じるのである。これは王道の理想の断乎たる記述という趣をもっている。市井の儒者仁斎にしてはじめてなしうる王道理想の表明である。

■第十五講「鬼神」

鬼神に惑わず――「鬼神」第一条・第二条――

鬼神とは仁斎が定義するように、「天地・山川・宗廟・五祀の神、及び一切神霊有って人の禍福を為す」神霊的存在である。この定義における前者の鬼神は伝統的にそれぞれの社会階層で祀ってきた神霊であり、後者の鬼神とは俗信を含めて広く人びとが加護や除災を祈ってきた神霊である。こうした祭祀対象であり信仰対象である鬼神が、やがて儒家言説上に登場することになる。鬼神をめぐっては『礼記』が多くをいっている。それは祖霊をはじめとする鬼神の祭祀、儀礼が社会秩序の形成と維持にもつ重い意味が見られるようになってである。このような鬼神への視点は体制的秩序にかかわる為政者のものである。『論語』における孔子にはこうした鬼神祭祀への視点はない。『礼記』が孔子の名をもって載せる鬼神とその祭祀の言辞は、儒教が国家的教説になって以降の後世的な「仮託偽撰」の言説だと仁斎はすでに見抜いている。

もう一つ鬼神が儒家で問題とされるのは、淫祠邪教といったいわゆる俗信との関わりにおいてである。まさに「鬼神に惑う」あり方が批判的に問われるのである。ただ淫祠邪教が社会的混乱の因とされるのは後世のことである。孔子は「鬼神に惑う」ことを君子としての自立性の弱さとみなしていたようだ。勇をもって聞こえた子路はどうもしきりに神頼りをする惑う人であったようで、孔子はその子路に「未だよく人に事うること能わず、いずくんぞよく鬼に事えん」と答えるのである。

鬼神が儒家的議論の一主題になってくるのは朱子にいたってである。朱子は宇宙を包括する理気論的言語体系を確立するが、鬼神を含めて人間の生死もまたこの言語体系によって理解されていく。鬼神は陰陽概念をもって人間の自然現象としてとらえられていく。鬼神は人間の言語をもって理解され、説明される存在となる。その意味で鬼神は合理化される。しかしこの合理的な説明とは鬼神を無鬼化することではない。鬼神は〈陰陽の鬼神〉としてなお存在するのである。朱子は鬼神を陰陽化しても、鬼神あるいは祖霊祭祀そのものを否定するわけではない。祖霊祭祀とは儒家階層の社会的持続を基礎づけるもっとも重要な伝統的祭祀儀礼である。この朱子の合理的鬼神観と伝統的鬼神祭祀との間から、弟子たちによる多くの疑義が出されてくる。それが『朱子語類』巻三の「鬼神」論である。

仁斎は孔子にしたがって「鬼神に惑わざる」立場を明確にいう。これを合理主義といえば、それは朱子の解釈における合理主義とは違う。君子という自律的な道徳主体を前提にした倫理的合理主義である。

◇「鬼神」第一条

鬼神とは、凡そ天地・山川・宗廟・五祀の神、及び一切神霊有って能く人の禍福を為す者、皆これを鬼神と謂うなり。朱子の曰く、「鬼とは陰の霊、神とは陽の霊」と。その意蓋し以謂《おもえ》らく、鬼神の名有りと雖も、然れども天地の間、陰陽を外にしていわゆる鬼神なる者有ること能わずと。故に曰く、云々。固《まこと》の儒者の論と謂うべし。然れども今の学者、その説に因って、徒らに風雨・霜露・日月・昼夜、屈伸・往来をもって鬼神とするは誤れり。

【訳】鬼神とは一般に天地・山川・宗廟や五祀の神々、さらに人の禍福をもたらすような神霊的なものすべてをいうのである。朱子は、「鬼とは陰の霊妙な働きであり、神とは陽の霊妙な働きである」（『中庸章句』）といった。朱子は思うに、鬼神という名はあっても、天地の間に陰陽以外に鬼神という霊妙な働きがあるわけではないとして、あのようにいったのである。まことにこれは儒者本来の論というべきである。しかしながら当今の学者が、この朱子の説によって、いたずらに風雨・霜露・日月・昼夜、屈伸・往来といった自然の現象・運動をも鬼神の働きといったりするのは間違いである。

【評釈】仁斎はここで鬼神を、祭祀対象を含めた神霊的な存在一般として定義している。これは一般に世にいわれている鬼神とは何かをいったものである。その上で仁斎は朱子の鬼神を陰陽の霊とする定義を引くのである。朱子のこの定義は『中庸』の「鬼神の徳たる、それ盛んなるかな」（『中庸章句』一六）に付した注釈中のものである。その注釈の全文をここに引いておこう。

程子曰く、「鬼神は天地の功用にして造化の迹なり」。張子曰く、「鬼神とは二気の良能なり」。愚謂《おも》えらく、二気を以て言えば、則ち鬼とは陰の霊なり、神とは陽の霊なり。一気を以て言えば、則ち至りて伸ぶるものは神なり。反《かえ》りて帰するものは鬼なり。その実は一物のみ。

（『中庸章句』）

仁斎はここから陰陽二気をもってした鬼神の定義だけを引いているのである。そして朱子がこのように定義したのは、鬼神とは名だけの存在であって、宇宙間に陰陽を除いて鬼神といった存在もその働きもないといおうとしてであると仁斎はいうのである。そしてこの朱子の定義こそ本当の儒者の論だというのである。つまり鬼神の実在を否定し、それを名目的《ノミナル》な存在とする朱子の論こそ儒者本来のものだとするのである。死後霊魂の存在を前提にする鬼神論は仏教的異端であって、儒者のものではないと仁斎はするのであろう。宇宙間にあるのは陰陽だけであるという仁斎は、朱子以上に気一元的立場をはっきりさせている。朱子は鬼神を陰陽だというが、そのことによって鬼神が消え去るわけではない。今度は陰陽的現象が鬼神の名を帯びてくるのである。すでに上の注釈でも、伸とは神であり、帰とは鬼であると屈伸現象を鬼神でもっていっている。天に伸びる神（陽）とは魂であり、地に帰する鬼（陰）とは魄であるという魂魄観がこうしたとらえ方の背景にある。朱子において鬼神は陰陽的に説明されても、本質的には消えないのである。仁斎は朱子が鬼神を消したとして、「固の儒者の論」というのである。そして風雨・霜露などを鬼神としていく論を朱子後継者の間違いだとしているのである。

◇「鬼神」第二条

鬼神の説、まさに論語載する所の夫子の語を以て、正とすべし。而してその他礼記等の議論を以てこれに雑《まじ》うべからず。按ずるに夫子鬼神を論ずるの説は、魯論に載せるもの纔《わずか》に数章にして止む。孟子に至っては、一も鬼神を論じるもの無し。蓋し三代聖王の天下を治むるや、民の好む所を好み、民の信ずる所を信じ、天下の心を以て心として、未だ嘗て聡明を以て天下に先だたず。故に民鬼神を崇むるときは、則ちこれを崇む。民卜筮を信ずるときは、則ちこれを信ず。惟その道を直くして行うを取るのみ。故にその卒《おわ》りや、又弊無きこと能わず。夫子に至るに及んでは、則ち専ら教法を以て主として、その道を明かし、その義を暁し、民をして従う所に惑わざらしむ。孟子のいわゆる「堯舜に賢《まさ》れること遠し」とは、正にこれを謂うのみ。

【訳】鬼神についていうことは、『論語』に載る孔子の言葉を正しいものとしなければならない。『論語』以外の『礼記』などの議論をこれに混ぜてはならない。考えてみるに、孔子が鬼神を論じていう言葉は、魯論（『論語』）に載るわずかの数章にすぎないのである。『孟子』にいたっては、鬼神を論じる章は一つもない。思うに、古えの三代の聖王が天下を治めるに当たっては、王は民の好むところを同じく好み、民の信じるところを同じく信じ、天下の心を己れの心とし、決して自らの聡明を天下に先立てることはしなかったのである。それゆえ民が鬼神を崇めれば、王もまた崇め、民が卜筮を信じれば王もまた信じたのである。ただ民が正直・朴実に行うことを良しとしたのである。それゆえ世の推移とともに終わりには弊害をもたらすことになった。孔子が出現するに及んで、もっぱら教えを主とし、道あることを教え、正しさ（義）を明らかにして、民にその行いに惑うことのないようにさせたのである。『孟子』で、「孔子は堯舜にはるかにまさる」（公孫丑上）といわれているのは、まさしくこのことをいうのである。

【評釈】仁斎は民衆における鬼神信仰を古代的遺習とみなしている。三代の聖王たちはこの鬼神信仰を改めることはしなかった。ただ民衆の素朴な生活実践や慣習を尊重したのだと仁斎はいうのである。しかしこの三代の治世は、最後には弊害を生むことになったという。恐らくそれは民衆が多く淫祠邪教に惑い、世の混乱を引き起こすにいたったことをいうのであろう。孔子が出るに及んで、正しい生活のすじ道や由るべき規準があることを教え、民衆が由るべからざるものに惑うことがないように導いたと仁斎はいうのである。孔子は偉大なる道徳的啓蒙者である。孔子によってわれわれははじめて道と義とがあることを教えられたのである。仁斎が孟子にしたがって、孔子を「堯舜に賢れること遠し」とするのはそれゆえである。

樊遅、知を問う。子の曰く、「民の義を務め、鬼神を敬してこれを遠ざく、知と謂うべし」と。また曰く、「子怪力乱神を語らず」。子路、鬼神に事えんことを問う。子の曰く、「未だ人に事うること能わず、焉《いずく》んぞ能く鬼に事えん」と。これ皆聖人深く人の力を人道に務めずして、或いは鬼神の知るべからざるに惑わんことを恐れて、これを言うなり。

【訳】樊遅が知について質問した際、孔子はそれに答えて、「人道のなすべきことに務めて、鬼神を敬して遠ざけることを知というべきである」（雍也）といった。また、「孔子は怪力乱神を語ることはない」（述而）という。そして子路が鬼神に事えることをたずねた際、孔子は、「まだ人に十分につかえることができないのに、どうして鬼につかえることができようか」（先進）と答えた。これらはみな聖人孔子が、人びとが人道のなすべきことに力を用いずに、その存在を知りえないような鬼神に惑ったりすることを恐れていわれたことである。

然れども「祭ること在《いま》すが如くす。神を祭ること神在すが如くす」、「郷人の儺《おにやら》いに、朝服して阼階《そかい》に立つ」というときは、則ちまたその当に敬すべきところに於ては則ち未だ嘗て敬を尽くさずんばあらざるを観る。これ吾が聖人のその道を明らかにし、その義を暁して、人をして従うところに惑わざらしめて、三代の聖人と同じからざること有る所以なり。これに由ってこれを観れば、則ち凡そ記礼《きらい》等の書、「子の曰く」と称し、或いは「孔子の曰く」と称し、諸《もろもろ》鬼神を論ずるの言、皆漢儒の仮託偽撰に出でて、夫子の言に非ざること彰々として明かなり。

【訳】しかしながら『論語』に、「祭るには、在すがごとくして祭る。神を祭るには、神がそこに在すがごとく恭しく祭る」（八佾）といい、「孔子は、村人の儺いの儀式に当たっては、正服をして階段に立たれた」（郷党）といわれることからすれば、孔子は敬をいたすべきところでは、十分に敬を尽くすことを知るのである。これこそわが聖人孔子が道有ることを明らかにし、正しき義を教えて、人びとの生活に惑いなきように導くことで、三代の聖人にはるかに賢《まさ》るとされる所以である。このように見てくれば、およそ『礼記』などの書が、「子曰く」とか、「孔子曰く」といってさまざまに鬼神を論じる言を載せているのは、みな漢代儒者の孔子に仮託して作られた偽りの説であって、孔子の言でないことは彰々として明かである。

【評釈】私は仁斎を無鬼論的立場の最初の表明者だと見ている。しかし無鬼論といっても、鬼神無しをいうことではない。仁斎が孔子に従って「鬼神を敬して遠ざく」というとき、鬼神を敬という倫理的態度で対される彼方に置いて、日常の生活の境位には鬼神をあらしめない態度をいっているのである。この態度は、力をもっぱら人道の務めに用いるものが本当の仁者であり、知ることのできない事柄に己れの知を用いたりしないものが真の知者だという言葉をもってもいわれる。仁斎の無鬼論とは、現世における自覚的な倫理的行為者としての人生態度の表明でもある。町人学者仁斎にしてはじめてこのような無鬼論が成立したことを私たちは見る必要がある。これは懐徳堂の学者たちに受け継がれていく無鬼論的な人生態度である。

あとがき

私が「仁斎学講義」として大阪の市民講座(懐徳堂研究会)で伊藤仁斎の『語孟字義』を読んでいったのは二〇〇七年の四月からであった。一五回にわたる講座「『語孟字義』を読む」を終えたのは翌二〇〇八年の九月であった。この「仁斎学講義」は、「宣長学講義」と「徂徠学講義」に続く三度目の〈近世学問の大人〉をめぐる講座であった。

宣長をめぐる講座の結果は『宣長学講義』(岩波書店、二〇〇六年)として早く成り、徂徠講座の結果もまた『徂徠学講義』(岩波書店、二〇〇八年)として順調にまとめられた。だが仁斎をめぐる講座の結果は簡単には成らなかった。そこには出版上の事情もあったが、だがそれだけではない。むしろ著者である私自身にこの刊行を遅らせる理由はあった。

『仁斎学講義』の原稿は二〇〇八年の秋以来、私の傍らに常にあった。だがこれを直ちに印刷に付する気持ちにはなかなかならなかった。「これで仁斎が読めたのか」という不満足感がつねに私にはあったからである。私は他の自分の著作についてこうした感情をもつことはほとんどない。それなりの完成感をもって書き終えている。だが仁斎については違う。いつもまだ書き終えていない、語り終えていないという不満足感がつきまとう。

「仲尼は堯舜を祖述す」と『中庸』はいう。孔子が堯舜の祖述者であるとは、孔子が堯舜を大なる〈始まり〉として、その教えを継承し、それを述べていくものとして自己規定したことを意味している。それにあえてなぞらえていえば、私の仁斎に対する姿勢には祖述者に近いものがある。私は仁斎という大なる〈始まり〉を述べながら、なお尽くしえていないという不満足感をつねにもつのである。

私は二〇一三年の五月から仁斎の『論語古義』によって『論語』を読む講座〈論語塾〉を始めた。恐らくこれが古学先生伊藤仁斎を祖述する私の作業の終わりをなすものであろう。その作業が一年を経たとき、『語孟字義』解読の作業を完成させるのは今だと考えた。昨年の夏、その原稿を携えてミュンヘンに行き、その読み直し、書き直しに集中し、帰国後、この出版を引き受けて下さったぺりかん社編集部の藤田さんに修正稿をお渡しした。

『仁斎学講義』の再校を終えた今、ここまで読みえたことへの自分なりの充実感をもっている。この充実感がひとりよがりのものでないことを信じ、読者と共有されることを切に願っている。

あらためてここで『語孟字義』を読む作業を共にしてくださった懐徳堂研究会の方々に、この書の出版の遅れをお詫びするとともに、課題を果たしえたことの安堵と喜びと、そしてお礼とを申し上げます。

最後に『伊藤仁斎の世界』に次いで『仁斎学講義』の出版をもお引き受けさったぺりかん社と編集部の藤田啓介さんには心からの感謝を申し上げます。

二〇一五年三月二〇日

子安宣邦

著者略歴

子安 宣邦（こやす のぶくに）

1933年生まれ。東京大学文学部卒業。東京大学大学院人文科学研究科（倫理学専攻）修了。文学博士。大阪大学名誉教授。日本思想史学会元会長。

専攻―日本思想史，倫理学

主著―『江戸思想史講義』『宣長学講義』『徂徠学講義』『漢字論』『思想史家が読む論語』（岩波書店），『伊藤仁斎の世界』『平田篤胤の世界』『方法としての江戸』（ぺりかん社），『〈アジア〉はどう語られて来たか』『昭和とは何であったか』（藤原書店），『鬼神論』『歎異抄の近代』（白澤社），『国家と祭祀』『〈近代の超克〉とは何か』『和辻倫理学を読む』『日本人は中国をどう語ってきたか』（青土社）

装訂―― 高麗隆彦

仁斎学講義《じんさいがくこうぎ》
『語孟字義』を読む

2015年５月20日　初版第１刷発行

著　者　子安 宣邦

発行者　廣嶋 武人

発行所　株式会社 ぺりかん社
〒113-0033 東京都文京区本郷1-28-36
TEL 03(3814)8515
http://www.perikansha.co.jp/

印刷・製本　創栄図書印刷

Printed in Japan

ISBN 978-4-8315-1411-0